KOSMOS

Obst und Gemüse

Schritt für Schritt

Engelbert Kötter

Inhalt

Planen und vorbereiten

Ja, es gibt ihn, den eigenen Traumgarten. Und er beginnt mit der Lust am eigenen Garten, mit dem Wunsch nach eigenem Obst und Gemüse. Wie groß der Anteil der Nutzgartenfläche am gesamten Garten ist, das hängt davon ab, wie viel Sie ernten möchten. Pro Quadratmeter Nutzgartenfläche und Jahr werden Sie etwa 1,5 Stunden Arbeitsaufwand benötigen. Vor allem der Anbau solcher Gemüsearten und Obstarten ist interessant, die – würden sie eingekauft werden müssen – eher selten zu bekommen oder aber teuer sind.

Standort begutachten

***Vor den ersten Schritten in Richtung Gartenplanung** muss die künftige Gartenfläche genauer geprüft werden. Die Art des Bodens (sandig, lehmig, tonig), seine Qualität (Rohboden oder humos, verdichtet oder locker), die Wasserführung (Oberflächenwasser, trocken, feucht, staunass) sind wichtig zu wissen. Eine Bodenanalyse gibt Auskunft über die „inneren Werte" Ihres künftigen Gartenbodens. Bei einer Vor-Ort-Besichtigung kann Ihr Gärtner sagen, welche Standortbedingungen günstig, welche ungünstig und zu verbessern sind. Sprechen Sie mit ihm über örtlich bestgeeignete Obstsorten. Klären Sie in Ihrer Familie, wie Sie den Obst- und Gemüsegarten (siehe Foto) nutzen wollen, wo und in welcher Form die Beete platziert werden sollen.*

1 Nutzgarten platzieren Ein Nutzgarten auf dem „Präsentierteller" oder doch lieber versteckt hinter einer Hecke? Bei dieser Entscheidung gibt es kein Patentrezept, denn der persönliche Geschmack ist maßgebend. Beachten Sie, dass der Obst-, Gemüse- und besonders der Kräutergarten gut erreichbar sind.

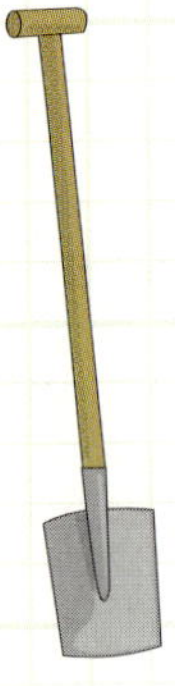

Spaten

2 Sandige Böden erkennen Sandige Böden sind sehr lockere Böden. Weil Sandkörner größer als die Bestandteile des Lehms sind, „kleben" sie praktisch nicht aneinander oder an Gartengeräten. Eine Hand voll sandiger Erde rieselt weitestgehend zwischen den Fingern hindurch.

3 Lehmige Böden erkennen Sie heißen auch „bindige Böden". Warum das so ist, sehen Sie, wenn Sie eine halbe Hand voll Gartenboden etwas anfeuchten und in der Hand zu formen beginnen: Die Bestandteile „binden" sich aneinander, so dass Sie Klumpen, Kugeln oder eine klassische „Wurst" formen können.

Absteckpflock

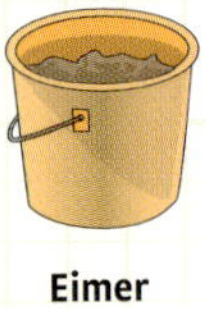

Eimer

Zeigerpflanzen wie Kamille oder Breitblättriger Wegerich zeigen Bodenverdichtungen an.

4 Bodenprobe, Schritt 1 An verschiedenen Stellen im Garten (bei genaueren Untersuchungen kleinerer Flächen natürlich nur im jeweiligen Obst-, Gemüse- oder Nutzgarten-Beet) werden mit dem Spaten etwa 20 cm tiefe Löcher ausgehoben. Diese sollten gleichmäßig über die Fläche verteilt sein.

5 Bodenprobe, Schritt 2 Mit Esslöffel und Eimer bewaffnet geht's nun an das Einsammeln der Bodenprobe: Geben Sie aus jedem gegrabenen Loch einen Löffel voll Erde in den Eimer. Am Ende wird die Erde im Eimer gründlich gemischt, um später einen genaueren Durchschnittswert der Bodenverhältnisse zu bekommen.

6 Bodenprobe, Schritt 3 Aus der Erde im Eimer wird nun in den Versandbeutel der Bodenprobe, entsprechend der genaueren Anleitung, eine bestimmte Menge Gartenerde eingefüllt, verschlossen und verschickt. Zur Bestimmung von Stickstoff im Boden müssen Böden sogar gekühlt versandt werden.

Boden verbessern

Pflanzen können nur halbwegs lockere Böden *gut durchwurzeln, um darin nach Nahrung zu suchen. In verdichteten Böden fehlt ihnen außerdem die Luft zum Beatmen der Wurzelzellen. Oder die Wurzeln werden in staunassen Böden gleich ganz und gar ertränkt. Tiefgründige Lockerung des Bodens (z. B. Durchziehen mit den Haken einer Planierraupe) sollten Sie sehr ernst nehmen – spätere Gartenprobleme dieser Art lassen sich nur mit größtem Aufwand und mit Geduld beheben! Böden können nach dem Pflanzen kaum mehr tiefgründig verbessert werden. Ferner sollten aus dem Boden alle Wurzelunkräuter wie Winde, Quecke, Löwenzahn oder Sauerampfer entfernt werden. Humus- und Kalkgaben sind meist ebenfalls empfehlenswert.*

1 Die Grasnarbe entfernen Damit der Boden zum Gartenboden werden kann, muss er in aller Regel zunächst aus seiner Brache geholt werden. Muss eine Grasnarbe entfernt werden, stechen Sie sie mit einem Spaten in Schollen von etwa 30 x 30 cm, die Sie mit einer Schaufel leicht abheben können.

2 Bodenlockerung ist wichtig Nun erfolgt die möglichst tiefgründige Bodenlockerung. Das geht am besten durch Umgraben mit einem Spaten oder einer Grabegabel. Wenn Sie das nicht möchten, reißen Sie den Boden zumindest mit einem Sauzahn auf. Eine oberflächliche Lockerung erreicht man mit Fräse oder Motorhacke.

3 Gesteinsmehl zugeben In eher lockeren Böden macht es Sinn (in Abstimmung mit dem Ergebnis der Bodenprobe), pro Quadratmeter etwa 100 g Gesteinsmehl auszustreuen. Dadurch werden Mineralstoffe und Kalk zugeführt, die das Bodenleben fördern. Und aktive Bodenbakterien machen Böden krümeliger.

Hacke

Gründünger

Grabegabel

Lupinen lockern den Boden mit tief reichenden Wurzeln.

4 Unkraut-Nachzügler entfernen Lassen Sie jetzt noch einmal die Unkräuter wachsen, denn so reduzieren Sie die verbliebenen Samen im Boden. Und Sie erkennen, wo sich noch Reste von Wurzelunkräutern (z.B. Quecke, Sauerampfer, Löwenzahn) versteckt gehalten haben.

5 Gründünger aussäen Hilfreich ist es, sich die paar Monate Zeit zu nehmen, die Fläche einmal mit Gründüngerpflanzen (z.B. Lupinen, Raps, Phacelia oder Gründüngungs-Mischungen) einzusäen. Das verdrängt Unkräuter und hilft, den Boden noch weiter zu lockern.

6 Gründünger mähen Der Gründünger – oder seine im Winter abgestorbenen Reste – wird zum zeitigen Frühjahr hin abgemäht. Über größeres Mähgut kann man, um es weiter zu zerkleinern, noch einmal mit einem Rasenmäher in höchster Mähstufe herüberfahren. Lassen Sie grünes Mähgut eventuell noch ein paar Tage anwelken.

7 Mähgut in den Boden bringen Die inzwischen angerotteten Pflanzenreste können anschließend mit einer Motorfräse in den Boden eingefräst werden. Das verschafft der nachfolgenden Gartenbepflanzung eine wertvolle, zusätzliche Humusgabe. Statt zu fräsen, können Sie die Gründüngung natürlich auch untergraben.

Beete gestalten und einteilen

Die Einteilung der Beete, *ihre gegenseitige Zuordnung – all diese Fragen müssen in einen Gartengesamtplan einfließen. Die Anbauflächen für Obst und Gemüse sollten vor Wind, Zugluft und kalten Frösten geschützt liegen. Beachten Sie den Sonnenverlauf, seinen Schattenwurf, besonders im Norden von Gebäuden, aber auch den von rahmenden Hecken. Ihr Nutzgarten sollte trockenen Fußes erreicht werden können, ebenso der Kompost. Gut begehbare Wege sind mindestens 60 cm breit. Gemüse- und Kräuterbeete können in Armlänge bewirtschaftet werden, wenn sie nicht breiter als 150 cm sind. Schmückende Nutzgärten, wie etwa Bauerngärten mit Buchseinfassung (siehe Foto), können Nutz- und Ziergarten zugleich sein.*

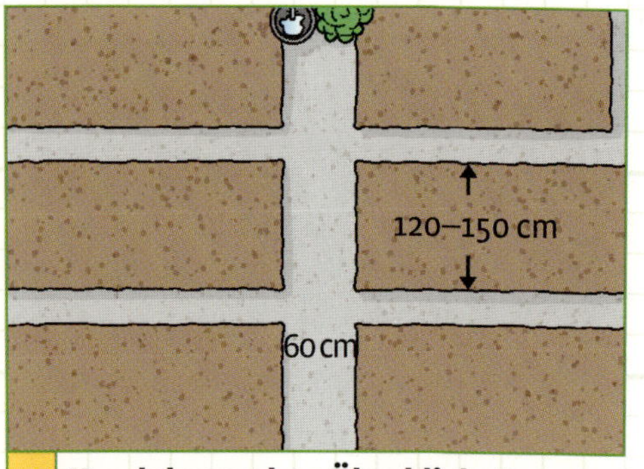

1 Handeln aus dem Überblick Bevor der erste Spatenstich erfolgt, um die Beete im Einzelnen festzulegen, sollten Sie sich noch einmal einen Überblick über das angestrebte Gartengesamtbild und die Beetmaße machen. Zeichnen Sie die geplanten Gartenkonturen einfach mit Sägemehl oder Sand am Boden vor.

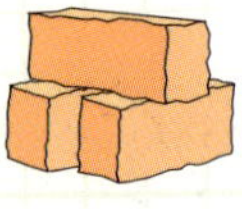

Kantensteine

Palisadenholz

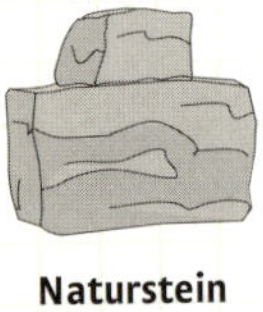

Naturstein

2 Beete mit einer Rasenkante Wo Beete an eine Rasenfläche angrenzen, ist ihre Abschirmung mit einem in Mörtel verlegten Rasenkantenstein wichtig. So verlegt, können die Ausläufer bildenden Grasarten der Rasenmischung nicht in das Beet eindringen. Und der Rasen wird obendrein einfacher zu schneiden sein.

3 Ränder mit Steinen gestalten Lockerer als ein in Reihe verlegter Rasenkantenstein ist es, Beetränder mit Steinen oder kleinen Findlingen zu markieren. Sie können dann verwendet werden, wenn von Nachbarflächen nicht die Gefahr ausgeht, dass Ausläufer bildende Pflanzen in das Beet herüber kommen.

Gruppieren Sie Ihre Lieblingspflanzen in einem eigenen Themenbeet.

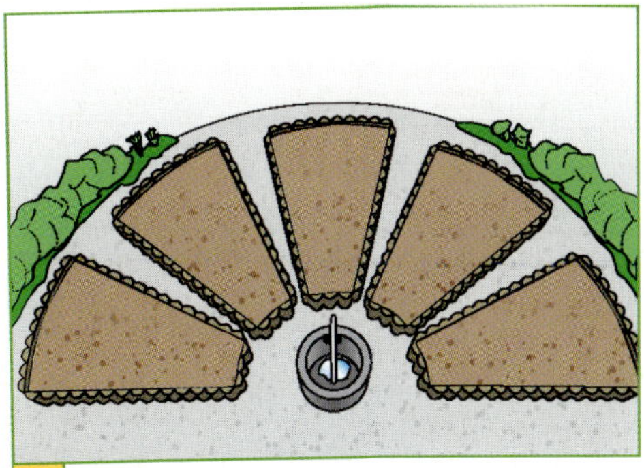

4 Halbrunder Gemüsegarten Allzu leicht entsteht beim Begriff „Gemüsegarten" das Bild einer rechteckigen Fläche im Kopf. Das muss aber längst nicht so sein. Warum nicht einmal halbrund? Warum nicht rund oder als Ellipse gestaltet? Variationen in der Beetform können das gesamte Gartenbild bereichern.

5 Kräuter mit Blumen kombinieren Für Kräuterbeete gleich zwei Tipps: Diese Beete sind in aller Regel gut in der Nähe von Terrassen aufgehoben. Sonnige Lage und leichte Erreichbarkeit sind bestechende Gründe. Schöne Kräuterbeete werden zudem attraktiver, wenn sie mit bunten Blumen kombiniert werden.

6 Die Kräuterspirale Sie ist nützlich, wenn auf kleiner Fläche Kräuter mit unterschiedlichen Standortansprüchen Platz haben sollen. In der höheren, trockener gehaltenen Mitte wachsen vor allem mediterrane Kräuter. Im feuchteren Auslauf der Spirale gedeihen Arten wie Minze, Melisse oder Petersilie.

Fruchtfolge, Mischkultur und Co.

Fruchtfolge, das ist die geplante zeitliche Abfolge *der Beetnutzung mit unterschiedlichen Pflanzen. Sie wird eingehalten, um die Bodenfruchtbarkeit zu fördern. Zugleich sollen bodenbürtige Krankheiten vermieden werden, die bei stets gleichem Anbau z. B. eines Gemüses im Beet entstehen könnten. Den Fruchtwechsel halten Sie also ein, wenn Sie nach Kartoffeln z. B. Zwiebeln, anschließend vielleicht noch Kohl und erst jetzt wieder Kartoffeln im selben Beet anbauen. Und die Mischkultur gibt letztlich an, welche Pflanzen zur selben Zeit in gemeinsamer Nachbarschaft im Beet am besten gedeihen. Denn einige Pflanzen mögen oder meiden die unmittelbare Wuchsgemeinschaft mit anderen.*

1 Variante 1 im ersten Jahr Im ersten Jahr des geplanten Drei-Jahres-Zyklus werden auf dem Beet zwei Reihen Tomaten gesetzt, Abstand in der Reihe 60 cm. Dazwischen wird eine Reihe Radieschen gesät, denen nach der Ernte Spinat folgt. Den Beetrand bilden Schnittlauch und Petersilie.

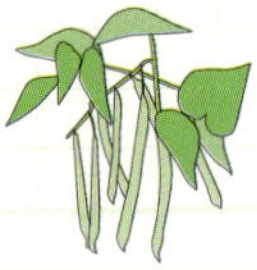

Bohnen

2 Variante 1 im zweiten Jahr Dasselbe Beet wird im zweiten Zyklusjahr so genutzt: Schnittlauch bleibt, Petersilie vor dem Blühen durch Ringelblumen ersetzen. Mit Reihenabstand 25 cm werden rotstieliger Mangold und Rettich gesät. Der Abstand in der Reihe beträgt nach dem Vereinzeln für Rettich 20, für Mangold 30 cm.

3 Variante 1 im dritten Jahr Zu guter Letzt wird der Schnittlauch noch belassen, den Ringelblumen des Vorjahres folgen nun Bohnenkraut und Majoran. Auf der Beetmitte werden Schnittsalat und Buschbohnen angebaut. Die Abstände: Salat in der Reihe 10 cm, Reihenabstand 30 cm; Buschbohnen 10 x 50 cm.

Tomaten

Rettich

Schwarzwurzeln, Möhren und Porree lockern den Boden tief für nachfolgende Flachwurzler.

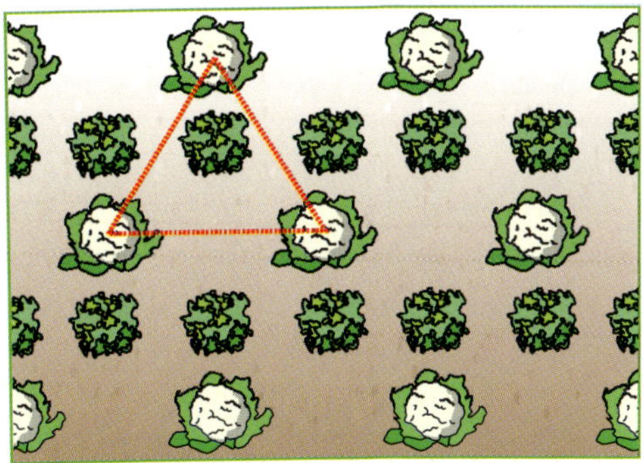

4 **Variante 2 im ersten Jahr** Alternativ zum ersten Drei-Jahres-Plan hier ein zweiter: Bei diesem werden im ersten Jahr Blumenkohl und Pflücksalat kombiniert. Weil der Kohl im Verbund mit 60 cm Abstand gepflanzt wird, ist der Platz optimal ausgenutzt. Der Abstand für den Salat beträgt 30 x 30 cm.

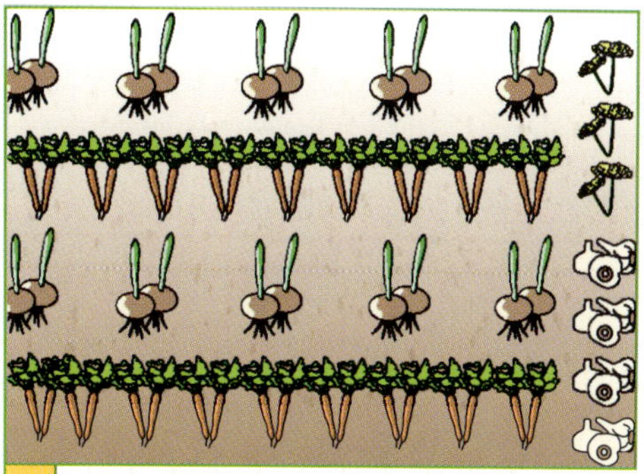

5 **Variante 2 im zweiten Jahr** Nun wird das Beet für den Anbau von Zwiebeln (15 x 25 cm Reihenabstand) und Möhren (5 x 25 cm) verwendet. Den Beetabschluss bilden Knoblauch und Dill. Diese beiden brauchen jeweils in etwa 15 cm Abstand von Pflanze zu Pflanze.

6 **Variante 2 – Frühsommer** Das dritte Jahr zeigt ein Beispiel, wie ein Beet im Zeitverlauf aufgeteilt werden kann: Zunächst wird die Fläche für Erbsen (10 x 40 cm Reihenabstand) und Radieschen (10 cm in der Reihe) verwendet. Ende Juni ist das Beet abgeerntet.

7 **Variante 2 – Spätsommer** Dann wird im dritten Jahr neu bestückt. Und zwar mit Eissalat für die Herbsternte mit einem Abstand von 30 x 30 cm. Zwischen dem Eissalat und um ihn herum säen Sie Spinat. Sie sehen, durch geschickte Beetaufteilung können Sie die Gemüseernte noch abwechslungsreicher gestalten.

Obst im Garten genießen

Obst im Garten *– das ist Genießen von der Hand in den Mund. Welche Obstgehölze in den Garten gehören, hängt in erster Linie davon ab, welches und wie viel davon Sie gerne essen. Beachten Sie, dass es unterschiedliche Baumformen gibt, die jeweils verschieden groß werden. Obstbäume zu pflanzen, verlangt also Weitblick über Jahre hinweg. Aber für praktisch jede Gartensituation gibt es die Möglichkeit, Obst zu pflanzen: seien es Obstbäume, seien es kleinere Oststräucher oder Spaliere, Kiwis, Wein und Brombeeren für die Haus- oder Garagenwand. Weil Obstgehölze hübsch blühen, können sie zugleich ein gestalterisches Element im Ziergarten sein – gewissermaßen Obstanbau mit doppeltem Nutzen.*

Erdbeeren

Pflaumen

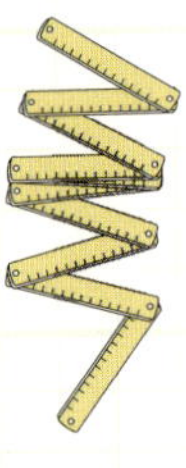

Zollstock

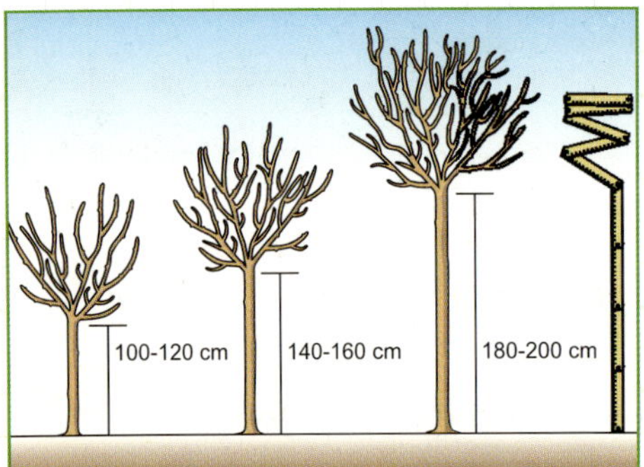

1 **Obstbäume für große Gärten** Ist Ihnen das Glück eines großen Gartens vergönnt und scheuen Sie es nicht, auch später noch zum Beernten oder Schneiden der Bäume eine Leiter zu besteigen, dann können Halbstämme (Mitte) oder sogar Hochstämme (rechts) stimmungsvoll wirken. Links ein seltener Niederstamm.

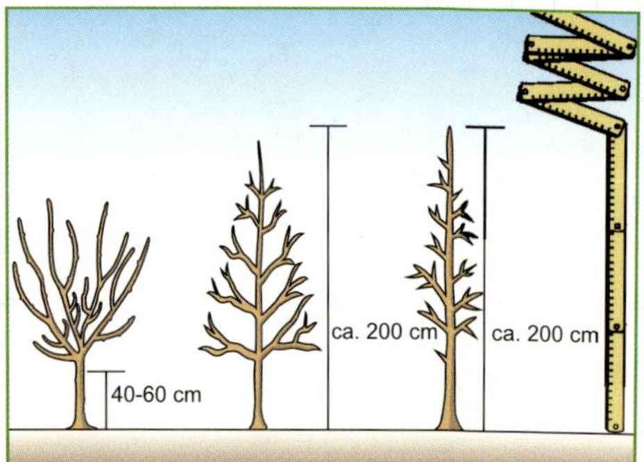

2 **Obstgehölze für kleinere Gärten** Hier sind kleinere Baumformen wie Buschbäume (links), Spindeln (Mitte) oder Ballerina®-Äpfel geeignet. Zum Vergleich: Brauchen Halb- und Hochstämme etwa 30–50 m² Standfläche pro Krone, kommen Spindeln oder Büsche (etwa 60 cm Stamm plus Krone) schon auf 5–15 m² Fläche zurecht.

Wildobst wie Haselnüsse, Holunderbeere, Kornelkirsche oder Sanddorn bereichern Ihren Garten.

3 Spaliere erziehen Spaliere sind derzeit sehr begehrt. Mit dem Einkauf vorgeformter Pflanzen ist es aber nicht getan. Diese fachgerecht auszuformen und pflegend zu schneiden, verlangt viel eigene Erfahrung. Haben Sie einfach den Mut, darauf hinzuarbeiten.

4 Spaliere sind formenreich Spaliere sind Schönheiten. Diese kunstvoll geschnittenen Baumformen haben gartenarchitektonisch einen hohen Gestaltungswert. In ihrer Form sind sie variabel: Hecken können als Spaliere gezogen werden, an Wänden sind U-Formen oder Doppel-U-Formen beliebt.

5 Gartenobst staffeln Noch mehr Obst können Sie in Ihrem Garten ernten, wenn Sie die unterschiedliche Höhe der einzelnen Gehölze geschickt ausnutzen. Im lichten Schatten von Halbstämmen (1) gedeihen noch Himbeeren (2), Schwarze Johannisbeerbüsche (3) oder Kulturheidelbeeren. Unter denen wiederum Preisel- und Erdbeeren (4).

6 Naschen – mal als Augenweide Genießen macht am meisten Spaß, wenn es mit allen Sinnen geschieht. Das frische Obst zu naschen ist das eine, aber Obstgehölze sind oft auch tolle Blütenbringer oder sie duften besonders markant. Einen Obstgarten zu gestalten, sollten Sie daher nicht nur aus nützlicher Sicht planen ...

Kompost ist Dünger

Feinkrümeligen, angenehm erdig duftenden Kompost *– den erhalten Sie, wenn Sie Ihre Gartenabfälle recyceln – und es auf dem Wege dahin richtig machen. Achten Sie also zwingend darauf, dass eine lockere Schichtung der Abfälle eingehalten wird. Dazwischen fördern ein paar Schaufeln Erde als „Starthilfe aus dem Bodenleben“ das Ganze.*
Nicht auf den Kompost gehört all das, was nicht binnen Jahresfrist zersetzt werden kann, ferner kein krankes Material und keine Wurzelunkräuter. Essensreste auf dem Kompost locken Ratten an!
Die Art des Komposters ist zweitrangig, auf die Art des Kompostierens kommt es an!
Beachten Sie: Kompost ist Dünger und sollte daher maßvoll verwendet werden.

1 Kompostplatz auswählen Wo der beste Kompostplatz ist, hängt vom Gartenkonzept ab. Entgegen anders lautender Meinungen darf das auch in Hausnähe sein, um schnell erreichbar zu sein. Voraussetzung: Der Kompost wird richtig geschichtet und gepflegt – dann riecht er nicht und es kommt kein Ungeziefer.

Mistgabel

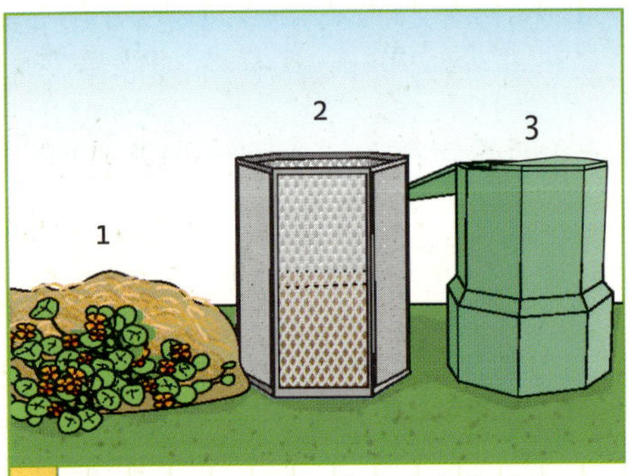

2 Komposter Schnell und einfach ist es, dem Kompost mit einem Holzsilo seinen Rahmen zu geben (siehe Foto). Den Kompost können Sie frei aufschichten (1) oder Behälter wie Drahtsilo (2) oder Thermokomposter (3) verwenden.

3 Kompostmaterialien vorbereiten Gartenabfälle verrotten besser, wenn sie bereits vorzerkleinert sind: Zweige schickt man daher durch einen Häcksler, Laub sammelt man per Rasenmäher mit einem Grasauffangkorb am schnellsten ein. Krankes Pflanzenmaterial gibt man besser in den Abfall.

Kürbis

Sammelkorb

Eierschalen und Essensreste gehören in die Biotonne, nicht auf den Kompost.

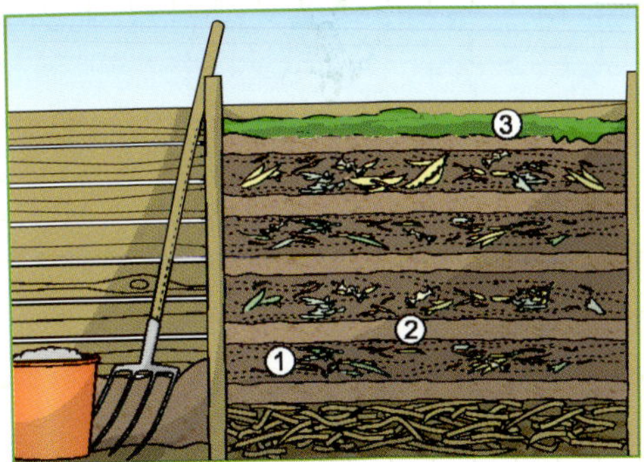

4 Kompost aufsetzen Dicke Lagen eines Materials (z.B. nasse Abfälle) begünstigen das Faulen. In den Schichten (1) immer Nasses mit luftig Trockenem (z.B. Holzhäcksel, Stroh) mischen. Zwischen den Schichten ist eine Lage Gartenerde günstig (2). Zuoberst eine Sauberkeitsschicht aus Mähgut (3) oder Laub auflegen.

5 Für Schatten sorgen Sei es als Schattenspender, sei es aus optischen Gründen – gerne werden Komposte mit Kürbisranken oder Kapuzinerkresse abgedeckt. Neuere Untersuchungen belegen aber, dass richtig geführte Komposte ebenso gut in sonnigen Lagen aufgestellt werden können.

6 Für feinste Ansprüche Auch gut verrotteter Kompost enthält noch mehr oder minder grobe Partikel. Denn nicht alle Kompostkomponenten werden gleich schnell verrotten. Um besonders feinkrümelige Komposterde zu erhalten, wirft man sie durch ein Kompostsieb. Die groben Reste erneut kompostieren.

Säen und pflanzen

„Gute Ernten beginnen mit bestem Saatgut“, lautet eine Gärtnerregel. Besonders hochwertige Ernten können Sie von Samen erwarten, die auf der Samentüte als so genannte F1-Sorten deklariert sind. Alle Samen können Sie gleich in ein Beet säen. Bei Pflanzen, die aber erst nach den Frösten – die bis Mitte Mai auftreten können – nach draußen gepflanzt werden dürfen, empfiehlt es sich, sie im Haus oder Kleingewächshaus vorzuziehen. Viele Gemüsearten können Sie im Gartencenter als Jungpflanzen kaufen.

Den Boden tiefgründig lockern

***In älteren, bestehenden Gärten** tritt das Problem weniger auf, wohl aber bei Böden, die nach dem Bauen als Hausgärten in Kultur genommen werden sollen: Bodenverdichtungen.*
Wenn Pfützen stehen bleiben und das Wasser nicht abfließt, dann sollten Sie stutzig werden. Ebenso wenn Pflanzen wie Kamille oder Breitblättriger Wegerich in Mengen gedeihen. Denn wo Kräne gestanden haben, Erdhaufen gelagert wurden und Baufahrzeuge gefahren sind, da hat das seine Spuren hinterlassen. Alle Bodenverdichtungen sollten durch tiefgründige Bodenlockerung, am besten mit Unterstützung zusätzlicher Gründüngung (Lupinen oder Steinklee) beseitigt werden. Pflanzen Sie nie in verdichtete Böden!

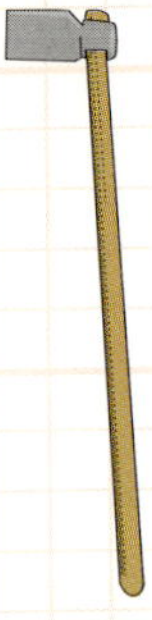

Hacke

1 Öfters mal hacken! Hacken ist anstrengend. Aber tun Sie es trotzdem des Öfteren! Wenn sich Unkräuter zeigen, wenn der Boden nach Regenschauern oberflächig verdichtet ist – dann ist Hacken angesagt. Es lockert die oberste Bodenschicht und sorgt für „Frischluft" für das Bodenleben.

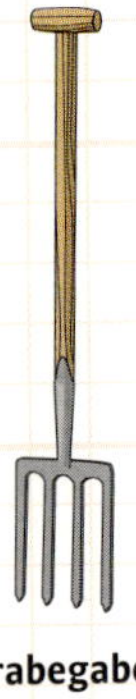

Grabegabel

2 Muss Umgraben sein? Dass Bodenlockerung wichtig ist, daran zweifelt niemand. Allerdings gehen die Meinungen dort auseinander, wo die Frage nach dem „Wie" gestellt wird. Gegner des Umgrabens meinen, dabei würden oberste Bodenschichten zuunterst gekehrt.

3 Lockern mit der Grabegabel Wenn Sie ebenfalls nicht umgraben wollen, so sei Ihnen empfohlen, den Boden zumindest mit einer Grabegabel tiefgründig zu lockern. Das Verwenden dieses Gerätes hat im Vergleich mit dem Spaten einen weiteren Vorteil: Regenwürmer werden weitaus weniger zerteilt.

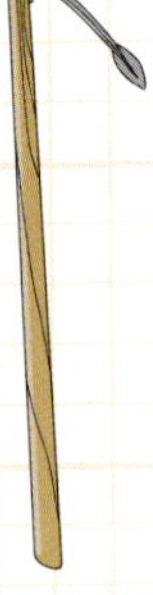

Sauzahn

Fräsen lockert den Boden nur 15 cm tief, Umgraben aber 30 cm.

4 Mit dem Sauzahn aufreißen Eine weitere Alternative der Bodenlockerung ist das Aufreißen mit dem kupfernen Sauzahn. Diesen Haken einzusetzen, kostet einige Kraft, erfüllt aber seinen Zweck, den Boden mit Luft zu versorgen und ihn gelockert für die Pflanzen leichter durchwurzelbar zu machen.

5 Mulchen fördert Bodenleben Es geht mit Kompost, es geht mit Rindenmulch, es geht sogar mit unkrautfreiem Rasenschnittgut oder Laub: das Mulchen. Die Abdeckung des Bodens bewirkt, dass er feuchter gehalten wird. Zudem sorgen die mit Mulch gefütterten Bodenlebewesen für krümeligere Böden.

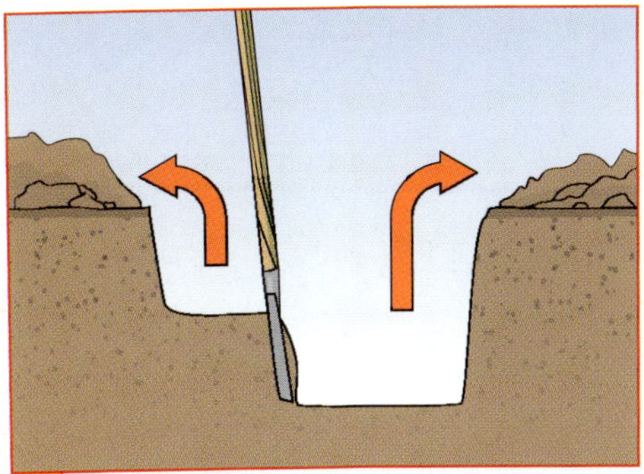

6 Pflanzaktionen „locker angehen“ Wenn Sie Pflanzen in den Garten setzen – egal ob kleine Sämlinge oder große, ausgewachsene Bäume –, so lassen Sie das „locker angehen“. Achten Sie stets darauf, dass die Saat- oder Pflanzbeete nur dann verwendet werden, wenn sie tiefgründig gelockert worden sind.

7 Anwachshilfe für Pflanzen Sie helfen Ihren Pflanzen beim Anwachsen, wenn Sie den Boden mit Huminstoffen versetzen – das fördert die Wurzelbildung. Dazu kann Torf verwendet werden; falls Sie das nicht möchten, nehmen Sie etwas Kompost, Rindenkompost oder Lauberde.

Frühjahrsbeet saatfertig machen

***Im Verlauf des Winters** sind Wind und Wetter, Schnee und Regen über das Beet gegangen. Der Frost hat grobscholligen Boden bröckeliger gemacht. Die oberen Bodenschichten sind miteinander verschlämmt. Daher ist es die erste Arbeit im Frühjahrsbeet, dieses mit einem Grubber durchzuarbeiten und dadurch aufzuschließen. Die Trittpfade des Vorjahres werden dabei im Beet ebenfalls aufgerissen und wieder so angelegt, dass Sie dem Beetaufbau des neuen Jahres dienen. Je nachdem, wie das Beet weiter genutzt wird (Pflanzung oder Aussaat, siehe Foto), wird der Boden unterschiedlich feinkrümelig vorbereitet. Je nach Region und Wetter, ist die Beetbereitung eine in das Gartenjahr einstimmende Arbeit um Anfang/Mitte März.*

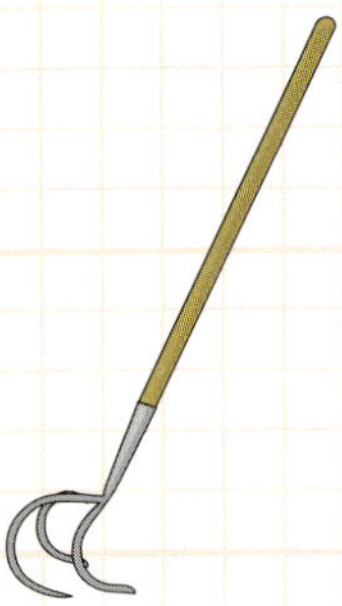

Grubber

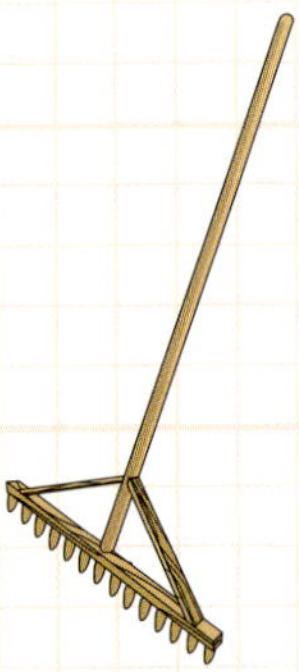

Holzrechen

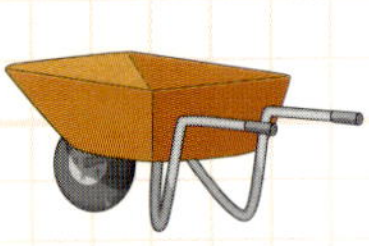

Schubkarre

1 Den Boden aufschließen Zum Aufschließen des Bodens haben Sie die Möglichkeit, einen Spaten, eine Grabegabel oder, für eine oberflächliche Lockerung, einen Dreizack oder einen Grubber zu verwenden. Grabegabeln werden gerne bei lehmigeren Böden verwendet. Und sie schonen die Regenwürmer.

2 Kompost verteilen Auf dem Beet wird anschließend (in Abstimmung mit dem Ergebnis der letzten Bodenprobe) verrotteter Kompost ausgebracht, und zwar entsprechend der geplanten Nutzung: 2–3 Liter/m² Fläche reichen aus. Sämlinge sollten nur schwach gedüngt werden.

Machen Sie bei älteren Samen vor deren Verwendung eine Keimprobe.

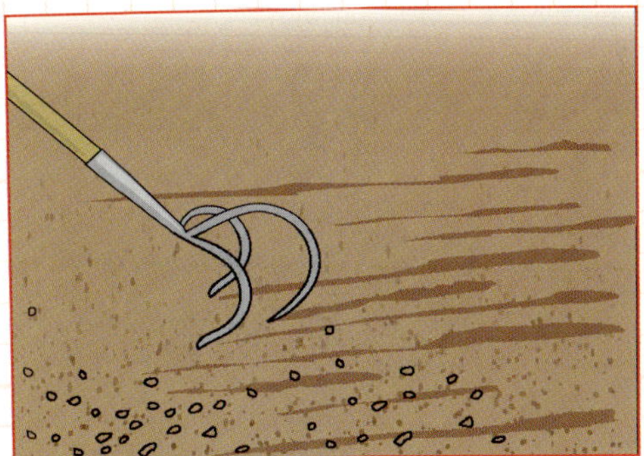

3 Den Kompost eingrubbern Ausgestreuter Kompost darf nur oberflächlich in den Boden eingebracht werden, er sollte nie untergegraben werden. Daher reicht es völlig aus, ihn nur wenige Zentimeter tief einzugrubbern. Eine Arbeit für bedeckte, aber trockene Tage.

4 Die Harke einsetzen Nach dem Grubbern, das eine in etwa noch grob geordnete Beetoberfläche hinterlässt, wird das Beet geharkt. Das geschieht am besten zunächst mit einer groben Holzharke, erst dann mit einer feiner krümelnden Eisenharke. Grobe Klumpen im Beet werden einfach zerstoßen.

5 Feinarbeit mit dem Gartenwiesel Mit den Zinken des Gartenwiesels können Sie solche Beete noch einmal überarbeiten, die für Aussaatzwecke besonders feinkrümelig sein sollen. Da der Gartenwiesel recht klein ist, wird er auch gerne im Frühbeetkasten oder im Kleingewächshaus bzw. Folientunnel eingesetzt.

6 Zugänge im Beet schaffen In den Beeten können Sie mittels schmaler Lattenroste aus geölten Dachlatten (3 x 5 cm) Zugänge zu den Pflanzen schaffen. Ebenso durch dichtes Festtreten der Erde: Einmal, Tritt an Tritt, zwei Fuß breit durch das Beet. Dann nochmals quer zur ersten Laufrichtung auf demselben Weg zurück zum Ausgangspunkt.

Pflanzen vorziehen

Es macht Spaß, eigene Gemüsepflanzen *vom Samenkorn an selbst zu ziehen. Achten Sie beim Samenkauf auf Qualitätssaatgut. So genannte F1-Hybriden sind besonders ertragreiche Sorten. Übrigens: Wo wenig Samen in der Tüte sind, von solchen „besseren" Gemüsesorten benötigt man für eine gute Ernte nicht allzu viele Pflanzen. Zur Aussaat gibt es spezielle Aussaatschalen im Fachhandel. Sie können aber auch jede andere, flache, dichte Kiste verwenden. Achten Sie auf Sauberkeit, besonders wenn bei vorigen Anzuchten Sämlingskrankheiten im Spiel waren. Dann müssen Sie die Kisten austauschen oder sterilisieren. Verwenden Sie zur Aussaat lediglich Aussaaterde, keine Blumenerde!*

1 Aussaatschale vorbereiten Die Schale randvoll mit leicht feuchter Aussaaterde füllen und nun so aufstoßen, dass sich der Boden setzt. Die Erde mit gespreizten Fingern kräftig andrücken, dann mit einem Brettchen gleichmäßig flach andrücken – die Saaterde soll angedrückt, aber nicht gequetscht sein.

Wasserzerstäuber

2 So wird richtig ausgesät In der Saatschale breitwürfig, nicht in Reihen aussäen. Die Samen können direkt aus dem Samentütchen ausgestreut werden, und zwar so, dass sie überall gleichmäßig verteilt und nicht gehäuft liegen. Die Saatdichte richtet sich nach der Sämlingsgröße – Kresse dichter als Gurken!

3 Saat andrücken Die Samen werden, je nach Pflanzenart, entweder obenauf liegen gelassen oder aber mit etwas übergesiebtem Sand bedeckt. Mit einem kleinen Holzbrettchen oder mit der Hand wird das Saatgut aber auf jeden Fall noch einmal leicht, aber entschlossen, angedrückt.

Pikierstab

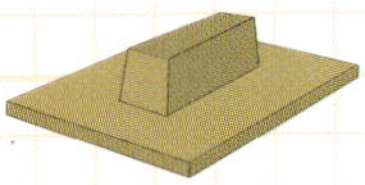

Glättekelle

Wenn Sie gerne und viele Pflanzen vorziehen, lohnt vielleicht ein Kleingewächshaus …

4 Befeuchten, nicht benässen!
Die so vorbereitete Saat wird nun angegossen. Mit Geschick lässt sich das per Gießkanne mit Brausekopf machen. Andernfalls eignet sich dazu auch eine Sprühflasche, die Sie dazu benutzen können. Die Erde sollte gut durchfeuchtet, aber nicht klatschnass sein.

5 Pikieren macht Sämlinge stark
Die Aussaatkiste wird feucht und warm gehalten. Zeigt sich an den Sämlingen nach den Keimblättern das erste Blattpaar, so nehmen Sie sie mit einem Pikierstab heraus, vereinzeln sie und kürzen die Wurzeln um ein Drittel ein.

6 Pikieren schafft „Freiräume"
Setzen Sie die Sämlinge in kleine Pflanztöpfe, in denen sie weiter wachsen. Darin stehen sie einzeln und können sich ohne konkurrierende Nachbarpflanzen kräftig entwickeln. Mehrere Töpfe, der einfacheren Handhabung wegen, in flachen Kisten zusammen stellen.

Aussaat ins Freiland

Im Freiland können Sie schon Ende Februar *die ersten Puffbohnen („dicke Bohnen“) aussäen, um Mitte März folgen die ersten Frühgemüse. Achten Sie bei der Sortenwahl der Gemüse darauf, dass es für z.B. Radieschen, Salat, Möhren, Porree etc. frühe, mittlere und späte Sorten gibt, die zu ihrer Zeit am besten gedeihen. Frostempfindliche Pflanzen wie Tomaten, Paprika können erst nach den Eisheiligen (Mitte Mai), wenn keine Frostgefahr mehr besteht, ins Freiland gebracht werden. Das zeitige Frühjahr kann dann schon für Freilandaussaaten genutzt werden, wenn die passenden Sorten im wärmenden Mistbeet, Kleingewächshaus oder unter schützender Gemüsebeetfolie gesät werden.*

1 Rillen ziehen So versehen Sie feinkrümeligen Boden mit Saatreihen: Setzen Sie die Pflanzschnur auf das Maß des richtigen Reihenabstandes (Hinweis auf Samentüte beachten). Ziehen Sie nun eine Saatrille von etwa 2 cm Tiefe, indem Sie eine Harke umkehren und mit dem Stielende die Pflanzschnur entlangfahren.

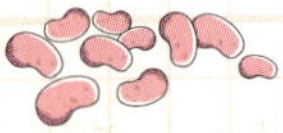

Bohnen

Pflanzen-etiketten

2 In der Reihe aussäen In die Saatrille kann der Samen direkt aus dem Tütchen ausgebracht werden. Säen Sie nicht zu dicht, sondern beachten Sie die spätere Pflanzengröße. Spät keimende Saat (z.B. Möhren) kann man mit so genannter Markiersaat (z.B. Salat, Radieschen) mischen.

3 Saatreihen schließen Ist die Saat gelegt, wird sie mit ein wenig Erde bedeckt. Dazu wird mit der Harke Erde vom Beet zur Schnur hin über die Samen gezogen. Zu guter Letzt fassen Sie die Harke senkrecht und stoßen, entlang der Schnur, die Erde noch einmal etwas fest. Angießen nicht vergessen!

Saatschnur

Mehrere Saatrillen auf einmal können Sie mit einem Reihenziehgerät anlegen.

4 Breitwürfig säen Üblicherweise wird das Saatgut in Saatrillen gelegt. Nur selten kommt die breite Beetaussaat zum Einsatz – z.B. bei Gartenmelde, Spinat oder bei der Jungpflanzenanzucht im Mistbeet. Dazu die Saat breitflächig, aber in gleichem Abstand auswerfen, leicht einharken und angießen.

5 Bei Bohnen üblich: Horstsaat Als Horstsaat bezeichnet man das gruppenweise Ablegen von Samen, verwendet bei Busch- und Kletterbohnen (siehe Foto), zum Teil auch bei Gurken. Statt eines Einzelkornes werden in einem kleinen Kreis fünf Samen gelegt. Aber nicht zu tief: „Bohnen wollen die Glocken läuten hören."

6 Einfach geht's mit Saatbändern Dass Samen – aus Konkurrenzgründen der Pflanzen in der Reihe – nicht zu dicht gesät werden sollten, das ist in sich selbst schlüssig. Wer bei der Aussaat nicht so genau arbeiten mag, der kann Saatbänder auslegen: Darin sind die Samen im richtigen Abstand eingebettet.

Gemüse und Kräuter pflanzen

Gemüse und Kräuter können, *statt ausgesät zu werden, auch als bereits vorgezogene Pflanzen ins Beet gesetzt werden. Neben eigenen Anzuchten stehen Ihnen dazu Einkaufsmöglichkeiten beim Gärtner, im Gartencenter oder auf dem Wochenmarkt zur Verfügung. Die Beete müssen vor der Pflanzung entsprechend gelockert werden. Das geschieht am besten frühzeitig, damit der Boden sich eine gute Woche lang setzen kann. Ideal, wenn in dieser Zeit ein Regenschauer über das Beet geht. Beachten Sie bei allen zu pflanzenden Gemüsen den Abstand der Pflanzen in der Reihe sowie den Reihenabstand. Zugekaufte mehrjährige Kräuter wie Rosmarin, Salbei, Thymian etc. können Sie eher beernten als selbst gesäte.*

1 Jungpflanzen setzen Beim Umsetzen der Jungpflanzen von den Anzuchtquartieren in das Beet darauf achten, dass sie nicht zu tief gepflanzt werden. Denn dann bildet sich leicht Fäulnis. Der Blattansatz sollte oberhalb der Erde zu stehen kommen. Nur wenige Gemüse wollen tief gepflanzt werden.

Jungpflanze

2 Angießen ist wichtig Nach dem Pflanzen müssen die Jungpflanzen angegossen werden – ohne dass Sie sie gleich ersäufen. Auch bei feuchter Erde werden die Setzlinge zunächst ein wenig schlapp wirken. Gut feucht gehalten, werden sie aber binnen weniger Tage erkennbar deutlich durchtreiben.

3 Salat richtig pflanzen Salatjungpflanzen werden so hoch wie möglich gepflanzt. Die „Herzen" müssen unbedingt aus dem Boden bleiben. Es reicht, wenn die Wurzeln gerade in der Erde stecken. Durch den Abstand zwischen Beet und Pflanze faulen die unteren Blätter nicht so schnell wie bei tief gepflanztem Salat.

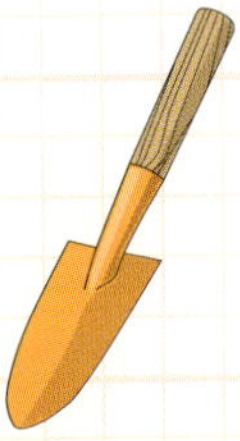

Schäufelchen

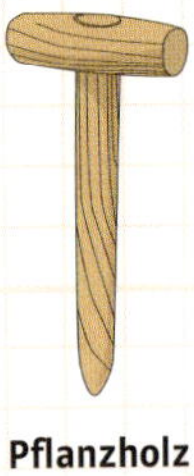

Pflanzholz

Es spart Arbeit, ausgetopfte Töpfe sogleich ineinander zu stecken und einzusammeln.

4 Pflanzen, die man tief setzt Es gibt Pflanzen, die wollen tief gepflanzt werden. Tomaten (Mitte) pflanzt man z.B. 3–5 cm tiefer, auf dass sie am Stamm bewurzeln und fester stehen – ebenso den Paprika. Auch der Porree (rechts) muss etwa 12 cm tief gesetzt werden, damit er ausreichend lange, weiße Stangen ausbildet.

5 Zwiebeln stecken Einige Zwiebeln (z.B. Perlzwiebeln) werden ausgesät. Schneller als deren Aussaat geht aber das Stecken der bereits einjährigen Jungzwiebeln. Diese werden bei 25–30 cm Reihenabstand und 15 cm Abstand in der Reihe einfach so tief in die Erde gedrückt, dass die Spitzen noch gut sichtbar sind.

6 Kräuter austopfen und einsetzen Kräuter lassen sich leichter austopfen, wenn sie durch den Topf gewachsene Wurzeln entfernen, die Pflanze umdrehen und den Topfrand zwei-, dreimal auf eine Kante aufstoßen. Der Ballen wird nun so tief gesetzt, dass er etwa 1–2 cm tief mit Erde bedeckt ist.

7 Erde andrücken und angießen Nachdem das Kraut samt Erdballen gesetzt ist, drücken Sie den Ballen noch einmal kurz und kräftig in den Boden und glätten Sie die Oberfläche mit Erde nach. Jetzt noch angießen, damit sich die Erde satt um Erdballen und Pflanzenwurzeln schließt.

Obstgehölze setzen

Die beste Pflanzzeit für Obstgehölze *ist traditionell der Herbst ab etwa Mitte/Ende Oktober. Das bewirkt einen Wachstumsvorsprung gegenüber der Frühjahrspflanzung. Wurzelnackt gekaufte Pflanzen sollten bis Mitte April gesetzt sein. In Pflanzcontainer getopfte Obstgehölze können aber ganzjährig gesetzt werden.*

Damit der liebe Nachbar nicht beeinträchtigt wird oder Obstbäume Gebäuden, Terrassen oder Balkonen zu nahe kommen, beachten Sie die zu erwartende Wuchshöhe des Baumes und den gesetzlichen Grenzabstand. Ersteres nennt Ihnen Ihre Baumschule bzw. Ihr Gartencenter, Letzteres Ihre Kommunalbehörde.

Spaten

1 Obstbäume einpflanzen Bereiten Sie für die Pflanze ein Pflanzloch vor, das rundherum eine Spatenbreite breiter und nach unten einen Spatenstich tiefer ist, als die Wurzelmenge es ausweist. Dann wird der Baumpfahl gesetzt, an diesen wird anschließend der Obstbaum dicht gepflanzt.

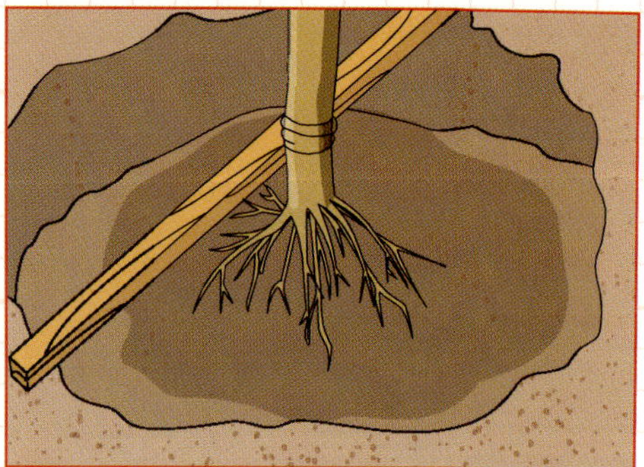

2 Obstbäume korrekt einmessen Obstbäume mit einer Veredelungsstelle („Knubbel" über den Wurzeln) werden so gepflanzt, dass diese Veredelungsstelle stets von Erde unbedeckt bleibt. Mit einer Latte über dem Pflanzloch lässt sich die Pflanztiefe leichter ermitteln und einhalten.

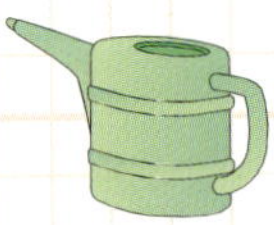

Gießkanne

Eimer

Viele moderne Erdbeersorten sind sortengeschützt, dürfen also nicht selbst vermehrt werden.

3 Einschlämmen schließt Bodenlücken Nachdem Sie die ersten paar Schaufeln Erde um die Wurzeln bzw. den Wurzelballen gegeben haben, schlämmen Sie die Erde kräftig mit Wasser ein. Dadurch wird sie enger um die Wurzeln gespült – die so schneller Halt finden und anwachsen können.

4 Noch einmal Erde auffüllen Wenn das Wasser eingesickert ist, füllen Sie weitere Erde des Aushubes bei und treten diese fest. Bei größeren Pflanzlöchern kann jetzt noch ein zweites Mal gewässert werden. Ansonsten wird alle Erde aufgefüllt, festgetreten und das Gehölz wieder gewässert.

5 Einen Obststrauch setzen Egal, ob Sie einen Obststrauch mit Erdballen oder einen ohne erstanden haben: Wässern Sie ihn zunächst noch einmal gründlich. Pflanzen Sie ihn dann gleichsam wie einen Obstbaum ein; bei Johannis- und Stachelbeeren sollte der Zweigansatz etwa 10 cm tief in den Boden!

6 Erdbeeren richtig pflanzen Der beste Pflanzzeitpunkt ist gegen Ende August. Als Pflanzabstand gelten etwa 50 cm Reihenabstand und 35 cm in der Reihe. Wichtig: Erdbeeren werden gerade so tief gesetzt, dass die Wurzeln gut mit Erde bedeckt sind, das „Herz“ der Pflanze aber immer unbedeckt bleibt.

Sämlinge und Jungpflanzen pflegen

***Jungpflanzen verlangen etwas mehr Pflege** als bereits ausgewachsene Pflanzen. Bei zeitiger Aussaat im Frühjahr ist der Schutz gegen Kälte wichtig. Die jungen Pflanzen sollten zwar ausreichend mit Wasser versorgt, aber nicht zu oft gegossen werden: Hält man sie etwas trockener, so fördert das die für Jungpflanzen so wichtige Wurzelbildung. Wenn Sie gießen, so machen Sie das vorsichtig und mit einem Brausekopf-Aufsatz auf Schlauch oder Kanne, damit die kleinen Pflanzen nicht umgebogen werden. Entfernen Sie kranke Jungpflanzen und verwenden Sie von den ausgesäten Pflänzchen nur die stärksten. Düngen Sie erst, wenn sich die ersten paar Blätter nach den Keimblättern entwickelt haben.*

1 Dichte Saat ausdünnen Kontrollieren Sie Ihre Saaten daraufhin, dass die Sämlinge nicht zu eng stehen. Zögern Sie nicht, zu dicht geratene Reihen konsequent auszudünnen, indem Sie die schwächsten Pflanzen und die zu dicht stehenden herausziehen.

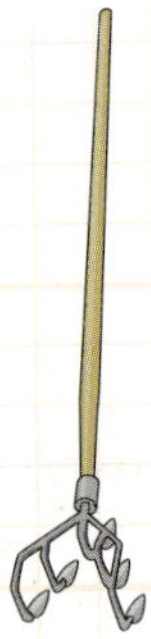

Grubber

2 Mit Gefühl gießen Das Gießen der jungen Saat muss mit Fingerspitzengefühl erfolgen: Ein Zuviel ist ebenso schädlich wie ein Zuwenig. Alle paar Tage etwa 10 Liter/m² (eine 10-Liter-Kanne voll) reichen aus. Gießen Sie mit einer Brause, damit die Jungpflanzen nicht umgeknickt werden.

3 Konkurrenzlos wachsen Während die Sämlinge gekeimt sind, macht sich im Beet auch konkurrierender Bewuchs bemerkbar. Jäten Sie ihn einfach aus oder hacken Sie ihn ab. Dort, wo z.B. sich selbst ausgesäter Boretsch, Dill oder Ringelblumen nicht stören, kann man sie auch einfach stehen lassen.

Gartenwiesel

Gießkanne

Pflegen und ernten

Nur im Alphabet kommt „ernten" vor „pflegen". Im Garten ist es umgekehrt – macht aber nichts. Denn das Mühen, das sich hinter der Pflege verbirgt, wird von immer mehr Zeitgenossen als Betätigung mit Tiefgang empfunden: Gartenarbeit ist gesund, weil der Körper besonders abwechslungsreich bewegt wird. Das Begleiten des Wachsenden, das dankbare Ernten des Gediehenen wird von immer mehr Menschen als Ausgleich zu beruflichen Anforderungen gesucht. Sie sehen: Mit Gartenarbeit tun Sie sich Gutes!

Pikieren ersparen Sie sich durch das Aussäen von 1–3 Samen in Torfquelltöpfe, Ausdünnen aber nicht.

4 Lockern erleichtert das Wachsen Mit einem Dreizack wird im Sämlingsbeet der Boden zwischen den Reihen wöchentlich durchgezogen, um ihn locker zu halten und für belüftete Böden zu sorgen. Halten Sie dabei gebührend Abstand zu den empfindlichen Wurzeln der noch kleinen Sämlinge.

5 Für Wärme sorgen Wärme regt den Stoffwechsel an – auch bei den Sämlingen im Beet. Decken Sie daher die Saat und später die Jungpflanzen mit einem Vlies (siehe Foto) oder mit einer speziellen, „mitwachsenden" Gemüsebeetfolie ab. Unter der hält sich abends und an kälteren Tagen die wärmere Luft.

6 Für frische Luft sorgen Wenn Sie die Pflanzen unter einer nicht mit Luftlöchern versehenen Folie halten bzw. sie in einem Kleingewächshaus, Mistbeetkasten oder Folientunnel wachsen lassen, dann muss an warmen Tagen um die Mittagszeit gelüftet werden. Nachmittags alles wieder dicht verschließen.

Pflegearbeiten regelmäßig ausführen

Der Garten ist in ständigem Wandel begriffen. *Immer verändert sich an ihm gerade etwas – oft erst bei genauerem Hinsehen und Verständnis. Deswegen ist das öftere und genauere Hinsehen eine der wichtigsten Pflegemaßnahmen – und das kann bei entspannenden Rundgängen durch den Garten getan werden. Unterwegs werden Sie sehr bald zu unterscheiden gelernt haben, wo etwas gedüngt, geschnitten, nachgepflanzt, ausgesät, gestäbt, gehackt, geschützt oder unter Kontrolle gehalten werden muss. So entdecken Sie aus dem Lebendigen das Praktische. Und Sie lernen, ein Zuviel an Pflege zu vermeiden: Seltener durchdringend zu wässern (zwei- bis dreimal wöchentlich 10 Liter/m²) ist z.B. sinnvoller, als es täglich nur ein wenig zu tun.*

1 Gemüse gießen Als Faustregel gilt: Solange der Boden noch etwas feucht ist, reicht das erst einmal. Ansonsten sind zwei-, dreimal wöchentlich 10 Liter/m² Beet ein praxistaugliches Maß. Gießen Sie immer auf den Boden, nie über die Pflanzen. Am besten früh morgens oder später abends.

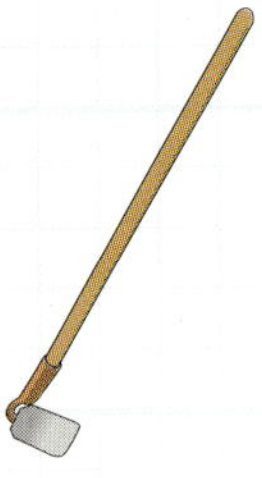

Hacke

2 Mitesser überwachen Wann immer sich in Ihrem Pflanzenbeet Konkurrenz in Form unerwünschter Pflanzen oder Tiere meldet, sollten Sie unbedingt ein Auge darauf haben. Nicht jeder Wildwuchs, jedes Tier muss entfernt werden, aber alles, was die eigentliche Kultur beeinträchtigt, schon.

3 Hacken ist das A und O Die Hacke (siehe Foto) ist das wichtigste Boden-Pflegegerät. Nach Regen, bei keimenden Unkräutern – wann immer nötig, sollten Sie den Boden aufhacken. Das lockert und belüftet ihn. Und dadurch wiederum wird das Bodenleben gefördert.

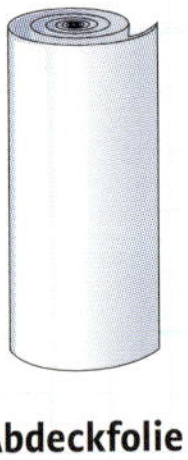

Abdeckfolie

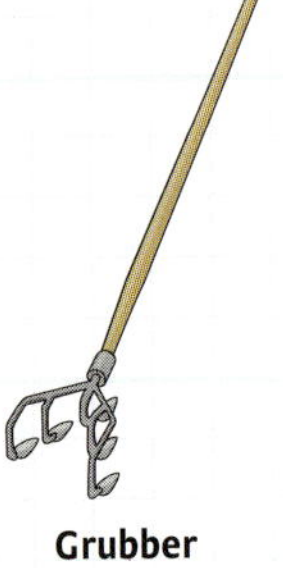

Grubber

Auch für Beete gibt es Arbeit sparende, automatische Bewässerungen wie Tropf-Blumate.

4 Pflanzen anhäufeln Kartoffeln und Buschbohnen müssen mit einem kleinen Erdhaufen um die Pflanze herum versehen werden. Bei Kartoffeln verbessert das die Knollenbildung, den nur flach gesäten Bohnen gibt es bessere Standfestigkeit. Im Kartoffelbeet verwendet man ein Häufelgerät.

5 Obst regelmäßig gießen Obst muss während des Fruchtwachstums gleichmäßig feucht gehalten werden. Wenn Sie nach längerer Trockenheit die Früchte stark gießen, so nehmen die Pflanzen mit einem Mal so viel Wasser auf, dass es zum Platzen der Früchte kommen kann.

6 Hacken hilft auch dem Obst Gehölze wirken nicht so pflegebedürftig wie z.B. Gemüse – dennoch: auch dem Obst tut Hacken gut. Lockern und lüften Sie daher auch den Boden im Gehölzbereich. Arbeiten Sie aber nicht im flach wurzelnden Bereich von Pflanzen wie Himbeeren oder Schwarzen Johannisbeeren.

Düngen und mulchen

Düngen ist wichtig. *Denn nur so werden Ihre Nutzpflanzen richtig ernährt, können zügig wachsen und sind gestärkt gegen Krankheiten. Um ein Zuwenig oder Zuviel zu vermeiden, empfiehlt sich eine Bodenuntersuchung alle zwei, drei Jahre. So können Sie angemessen reagieren. Um das Düngen nicht zu vergessen, können Sie frühzeitig im Jahr auch ein für alle Mal düngen. Dazu gibt es im Fachhandel speziellen Langzeitdünger. Der gibt – anders als „normaler" Dünger – immer nur so viel Nährstoffe ab, wie die jeweilige Pflanze gerade anfordert. Eine Mulchschicht tut dem Boden gut und wird in einer Höhe von 5–7 cm Dicke aufgebracht (siehe Foto). Alle Wurzelunkräuter werden zuvor gründlich entfernt.*

1 Organisch düngen Wenn Sie mineralische Dünger in Ihrem Garten vermeiden möchten, so bieten sich organische Dünger als Alternative an. Die können wie Mineraldünger ausgestreut und eingearbeitet werden, sollten aber gut vierzehn Tage eher angewandt werden, weil sie länger zum Zersetzen brauchen.

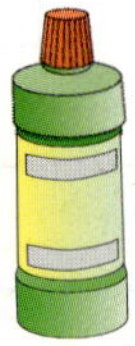

Flüssigdünger

2 Flüssig düngen Einige Dünger werden nicht ausgestreut, sondern flüssig ausgebracht. Dazu wird eine bestimmte Menge flüssiges Konzentrat (siehe Herstellerhinweise) einfach mit Wasser gemischt. Den Pflanzen ist es egal, wenden Sie also einfach den Dünger an, der Ihnen im Handling angenehmer ist.

3 So wird Obst gedüngt Obstgehölze erhalten ihren Dünger in zwei Gaben, die erste Hälfte mit der Blüte, die zweite bis spätestens Ende Juli. Während Kernobst und Steinobst kalkverträglich oder sogar -liebend sind, beachten Sie bei Heidel- und Himbeeren, dass sie keinen Kalk wollen bzw. vertragen.

Eimer

Kompost

Die meisten Gartenböden sind überdüngt – besonders mit Phosphaten.

4 Ab und zu Kompost geben Es muss nicht ein mineralischer Dünger sein, mit dem Sie Obst und Gemüse „füttern". Sie können genauso gut Kompost verwenden. Aber auch hier gilt: nicht zu viel davon. Gehölze nur bis Ende Juli, alle anderen Pflanzen höchstens bis Anfang September düngen.

5 Unter Gemüse mulchen Komposterde, Grasschnitt, Holzhäcksel – wenn Sie unter Gemüse eine Mulchschicht ausbringen, so hält das den Boden feucht und sorgt für langsam fließende Nährstoffabgabe. Bei der Verwendung von Holzmulch muss aber zusätzlich Stickstoff und Kali gedüngt werden – etwa 20 g/m².

6 Mulchen von Obst Auch die Obstgehölze vertragen eine Mulchschicht. Beachten Sie aber das für „Unter Gemüse mulchen" Beschriebene (Schritt 5). Ferner: Flach wurzelnde Pflanzen (Himbeeren, Johannisbeeren, Blaubeeren) nur flach mulchen. Apfelbüsche mit der Veredelungsunterlage M 9 nicht mulchen!

Pflanzenstützen, Rankgitter und Co.

Nicht nur Kletterrosen und Clematis benötigen es, *auch Obst und Gemüse wie Gurken oder Tomaten haben unter Umständen eine Stütze oder Kletterhilfe nötig. Zum Teil können Sie solche Stützen kostenlos im eigenen Garten schneiden und beispielsweise Zweige vom Obstbaumschnitt für den Erbsenanbau verwenden. Der Fachhandel bietet z. B. Tomaten-Rankstäbe an.*
Für den Obstgarten, genauer den Anbau von Brombeeren, hier noch ein Trick: Brombeeren zu schneiden wird einfacher, wenn Sie die Triebe nicht nach links und rechts fächerförmig anbinden, sondern die Zweige eines Jahres nach links oder rechts auf nur eine Seite binden. So wachsen auf der einen Seite die tragenden Ruten, auf der anderen Seite die im Folgejahr tragenden.

1 Tomaten auf dem Weg nach oben Tomaten brauchen auf ihrem Weg nach oben die Unterstützung eines Pfahles von etwa 150 cm Länge über dem Boden. Daran werden sie angebunden. Erleichterung verschaffen spezielle, spiralförmige Tomatenstäbe. Um diese herum müssen die Triebe nur gewickelt werden.

Tomatenstab

2 Erbsen ranken gut an Reisig Viele Erbsensorten wachsen kletternd. Um dem gerecht zu werden, lässt man sie gerne an Reisig entlangklettern (siehe Foto). Dazu können Zweige verwendet werden, wie sie z. B. beim Obstbaumschnitt anfallen. Daran halten sich die Erbsen mit Blattranken selbsttätig fest.

3 Ein „Zelt" aus Stangenbohnen Für Stangenbohnen benötigt man Rankstangen, die über dem Boden 200–250 cm hoch sind. Man kann sie sowohl in einer Reihe als auch zeltförmig zusammen stellen. Solche Bohnenzelte sehen im Beet nett aus. Oder sie können speziell für Kinder als Spielzelte errichtet werden.

Tomate

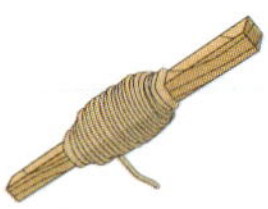

Schnur

Der alte Weihnachtsbaum – ein Rankgerüst für die Wicken des nächsten Sommers.

4 Feuerbohnen am Faden Feuerbohnen können sogar noch etwas einfacher angebaut werden: Ihnen reicht eine dicke, stabile Schnur, die an einem tragenden Gerüst hängt. Weil Feuerbohnen attraktiv blühen, bietet sich das Ziehen am Schnurgerüst zudem für Terrassen und Balkone an.

5 Gurken ernten vom Gerüst Gurken bekommen schwerere Früchte als Erbsen und Bohnen – daher brauchen sie ein etwas stabileres Gerüst. Für sie baut man eine stabile Kletterhilfe aus Pfählen, zwischen denen zugeschnittene so genannte „Baustahlmatten“ aus dem Baustoffhandel befestigt sind.

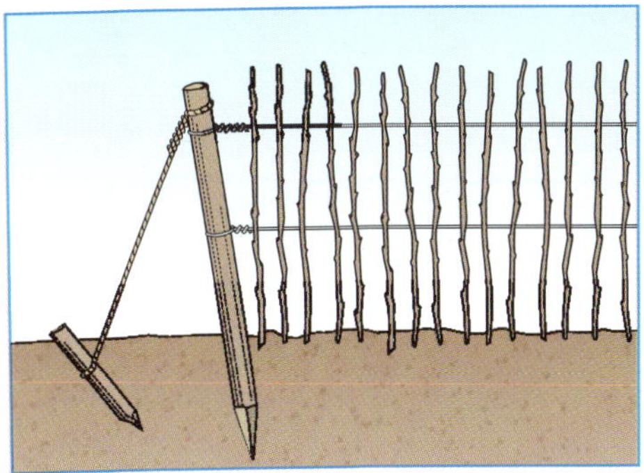

6 Himbeeren mit und ohne Stütze Die klassische Methode ist, über der Pflanzreihe ein rund 150 cm hohes Spalier zu ziehen, Pfähle zu setzen und in 70 bzw. 140 cm Höhe einen Draht zu spannen. Daran die Ruten im Frühjahr anbinden. Die Sorte 'Autumn Bliss' aber kann wie ein Johannisbeerstrauch gezogen werden.

Pflanzenschutz für starke Pflanzen

Starke, kräftige Pflanzen werden weniger krank. *Pflanzenschutz bedeutet also nicht allein der Einsatz von Pestiziden, sondern vor allem gesunde Pflanzen heranzuziehen. Kaufen Sie von vornherein nur gesunde Pflanzen. Wenn Sie zwischen verschiedenen Sorten wählen können, empfiehlt es sich, möglichst resistente Sorten für den Anbau herauszugreifen. So etwa Mehltau-resistente Spinat- oder Apfel-Sorten, Schorf-resistente Apfel-Sorten, Scharka-tolerante Pflaumen-Sorten und Sauerkirsch-Sorten, die weniger gegen den Monilia-Pilz empfindlich sind. Entsprechend Ihren Anbauwünschen, sollten die ausgesuchten Pflanzen nur optimale Standorte im Garten erhalten.*

1 Schneckenabwehr Zur Abwehr von Schnecken hilft es, den Oberboden trocken zu halten, das bedrohte Beet mit einem Schneckenzaun zu umgeben, Bierfallen aufzustellen oder im Beet feuchte Stellen unter Brettern bzw. Rhabarberblättern zu schaffen. Sich darunter sammelnde Schnecken töten.

Schere

2 Verlauste Kräuter schneiden Gartenkräuter – bevorzugt die Petersilie – können von Blattläusen befallen werden. Besonders auf krauser Petersilie erkennt man sie erst spät. Schneiden Sie kranke oder von Schädlingen befallene Kräuter zurück. Die Abfälle gehören in die Biotonne, nicht auf den Kompost.

3 Kirschfruchtfliege Da diese ihre Eier in gelb werdende Kirschen legt, finden sich später Maden in den Süßkirschen. Späte Sorten werden weniger stark befallen. Zur Befallsminderung können Gelbtafeln aufgehängt werden, an denen die Kirschfruchtfliegen (leider auch andere Insekten) kleben bleiben.

Lupe

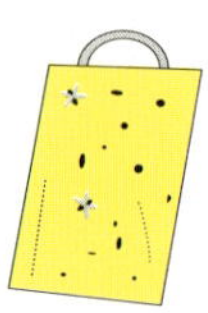

Gelbtafel

Schaffen Sie Nisthilfen für Vögel, die in Ihrem Garten Blattläuse und Raupen jagen können.

4 Schorf verhindern Braune Flecken auf Apfelschale und -blättern werden von einem Pilz, dem Apfelschorf, verursacht, einer lästigen und weit verbreiteten Apfelkrankheit. Pflanzen Sie daher besser modernere Apfel-Sorten („Re"-/„Pi"-Sorten, siehe Seite 60), die gegen den Pilz resistenter sind als alte Sorten.

5 Weiße Fliege vermeiden Mottenschildläuse, auch Weiße Fliegen genannt, sind blattsaugende Insekten, die schwer zu bekämpfen sind. Fuchsien z. B. werden gerne von ihnen heimgesucht. Deswegen stellt man Fuchsien nicht in die Nähe von Tomatenpflanzen, die ansonsten gerne mit befallen werden.

6 Kontrolle ist besser Machen Sie regelmäßige Kontrollgänge durch Ihren Obst- und Gemüsegarten. So erkennen Sie frühzeitig, ob sich irgendwo Krankheiten oder Schädlinge einzunisten beginnen. Mit Eimer und Schere bewaffnet, können Sie kleinere Befallsnester gleich entfernen.

Gemüse: besondere Maßnahmen

***Neben den „üblichen" Pflegearbeiten,** die bei Gemüse anfallen – wie Wässern, Düngen, Mulchen und auf Schädlinge kontrollieren –, können spezielle Arbeiten anfallen: z.B. Endivien bleichen. Im Mai/Juni werden Spargel gestochen und später die Stiele der Staudensellerie umwickelt, um sie mehr zu bleichen, zudem werden Tomaten gestäbt, Gurken entspitzt, Bohnen und Kartoffeln angehäufelt und Blumenkohl abgedunkelt. Zum Herbst, da werden die trocken gewordenen Spargelkräuter abgeschnitten, die Artischocken frostsicher mit Stroh abgedeckt, die Meerrettichwurzeln ausgegraben. Und die Wurzeln des Chicorée werden geerntet, um sie, dicht an dicht mit wenig Wasser in einem Eimer aufbewahrt, ganz und gar dunkel zum Antreiben der Sprosse aufzustellen.*

1 Tomaten ausgeizen Wenn man sie gewähren ließe, würden Tomaten gerne aus den Blattachseln des Haupttriebes Seitentriebe bilden. Das würde aber den gewünschten Ertrag schwächen. Deswegen werden diese Triebe mit ihrem Erscheinen sofort abgebrochen. Das nennt man ausgeizen.

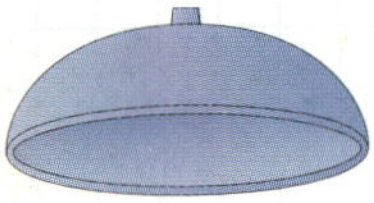

Bleichhaube

2 Tomaten kappen Sie sollen nicht nur keine Seitentriebe bilden, beim Anbau im Freiland sollen sie auch nicht zu hoch werden. Sobald sich 5–7 Tomatentrauben gebildet haben, wird der Mitteltrieb gekappt. Würden weitere Trauben gebildet, so würden diese bis zum Herbst kaum mehr richtig ausreifen.

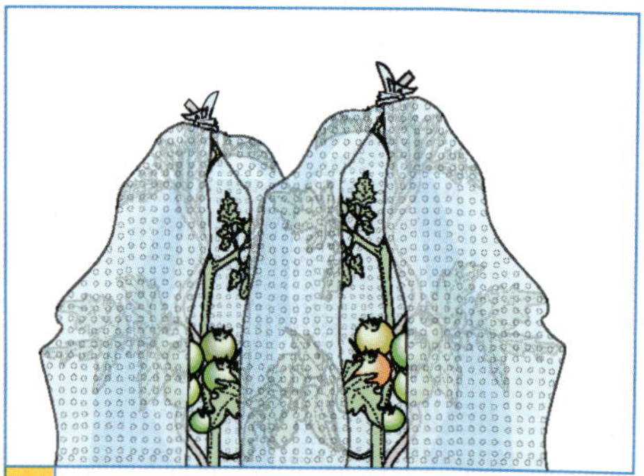

3 Tomaten unter der Haube Es beschleunigt die Reife der Tomatenfrüchte, wenn diese warm gehalten werden. Das erreichen Sie, wenn Sie die Pflanzen unter einer Tomatenhaube oder unter einer schützenden Folie wachsen lassen. Dieser Regenschutz vermindert zudem den Befall mit Braunfäule.

Messer

Tomate

Gegen Rettich- und Möhrenfliegen gibt es Schutznetze, die Spritzmittel überflüssig machen.

4 Kniffe im Gurkenbeet Gurken (siehe Foto) wachsen sehr stark und müssen durch Abkneifen überschüssiger Triebe im Zaum gehalten werden. Der Haupttrieb wird üblicherweise nach 6–8 Blättern gekappt, die Seitentriebe aber bereits nach dem ersten Fruchtansatz.

5 So bleibt Blumenkohl zart Die Köpfe des Blumenkohls sollen bleich und zart sein. Um das zu erreichen, werden die Köpfe, sobald sie sich halbwegs kräftig entwickelt haben, abgedeckt. Das geht am einfachsten, wenn Sie einige Blätter des Kohls nach innen über die Köpfe umknicken.

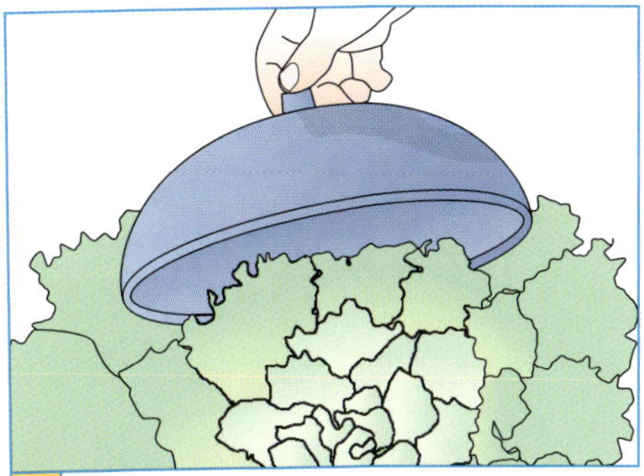

6 Bleiche Endivien sind weniger bitter Die Bitterstoffe des Endiviensalates sind seine prägenden Geschmacksträger. Wem aber das ganze allzu bitter ist, der kann durch das Auflegen spezieller Bleichhauben oder durch Zusammenbinden des Salates zarte, bleiche und damit weniger bittere Endivien ernten.

Kräuter: Tipps auf einen Blick

Achten Sie bei den Kräutern
auf einen warmen, sonnigen Standort, das verbessert die Bildung von aromatischen Inhaltsstoffen. In das Kräuterbeet können Wärme speichernde Findlinge gelegt werden, die es zugleich dekorieren.
Interessant in der Küchendekoration zu verwenden sind die essbaren Kräuterblüten von Boretsch, Kapuzinerkresse oder Schnittlauch. Letztere werden aber in der Regel allesamt abgeschnitten, um die Pflanze nicht durch Samenbildung zu schwächen.
Achten Sie auf Schädlingsbefall wie Blattläuse. Im Winterquartier von Kräuterkübeln auch auf Schildläuse und Spinnmilben. Alle eingewinterten Kübel – egal ob drinnen oder draußen – sollten Sie gelegentlich etwas gießen!

1 Schnittlauchblüten entfernen Schneiden Sie den Schnittlauch ganz zurück, damit er neu austreibt. Sortieren Sie die harten Blütenstängel von den zarten Lauchstängeln, die Sie verwerten oder einfrieren können. Wenn Sie nur die Blütenstiele auszupfen, wachsen viele neue nach.

Schere

2 Samenstände zeitig abnehmen Kräuter wie Dill oder Koriander und Kümmel, vor allem aber Boretsch und Ringelblumen, neigen zur massiven Selbstaussaat im Garten. Entfernen Sie deren reifende Samenstände rechtzeitig, wenn Sie die unkontrollierte Selbstvermehrung unterbinden wollen.

3 Kräuter schneiden Alle nicht verholzenden Kräuter werden bei der Ernte kurz über dem Boden abgeschnitten. Bei den mehrjährigen die „Herzblätter“ nicht verletzen. Verholzende Kräuter wie Salbei oder Lavendel werden regelmäßig im Frühjahr um ein Drittel gekürzt; Rosmarin nur bei Bedarf in Form schneiden.

Abdeckvlies

Steine

Für mehr Farbe im Beet sorgen buntlaubige Kräutersorten und solche mit farbigen Blüten.

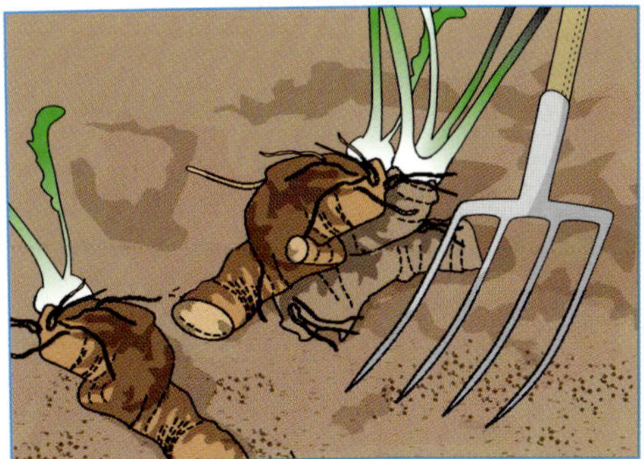

4 Wurzelkräuter ernten Meerrettich oder Baldrian sind Beispiele für Kräuter, deren Wurzeln verwendet werden. Diese werden erst dem Boden entnommen, wenn die Blätter „eingezogen“ worden sind. Nehmen Sie sie heraus und schlagen Sie sie an vor Frost geschützter Stelle für die Winterentnahme wieder ein.

5 Kräuter im Garten überwintern Die Kräuter im Beet werden in rauen Lagen vor dem Frost geschützt, indem sie mit einem Vlies oder mit Fichtenreisig abgedeckt werden. Besonders wichtig für z.B. Lavendel, Estragon und Salbei. Im Weinbauklima ist der Schutz nur bei sonnigem Frostwetter nötig.

6 Überwintern im Kübel Wollen Sie mit Kräutern bepflanzte Kübel und Kästen überwintern, so stellen Sie sie am besten ins Haus (hell bei etwa 5 °C). Kontrollieren Sie ab Januar auf Schildläuse und Spinnmilben. Im Freien rücken Sie die Gefäße an die geschützte Hauswand und legen Vlies darüber.

Obstgehölze – weitere Tipps

Begleiten Sie Ihren Obstgarten mit wachem Blick *durch das Gartenjahr. Achten Sie auf den Befall von Blattläusen – unter anderem zu erkennen an sich kräuselnden Triebspitzen.*
Um Ohrwürmern, natürlichen Gegnern der Blattläuse, eine Behausung zu bieten, hängt man mit Holzwolle gefüllte Blumentöpfe in die Bäume.
Kirschbäume, speziell die frühen Sorten, müssen mit Schutznetzen und Vogelscheuchen gegen Vogelfraß geschützt werden. Niedrige Baumformen der Kirsche schützt man mit Folienüberdachungen gegen Regen, damit die Früchte nicht platzen.
Mirabellen und ältere Johannisbeer-Sorten reifen nicht gleichmäßig, so dass sie mehrmals durchgepflückt werden müssen.

1 Baumscheiben lassen durchatmen Sie sitzen zwar tief im Boden, aber sie benötigen dennoch Luft zum Atmen: die Baumwurzeln. Baumscheiben, das sind im Kronenbereich des Baumes rund um den Stamm bewuchsfrei gehaltene Flächen, dienen der Belüftung der Obstbaumwurzeln.

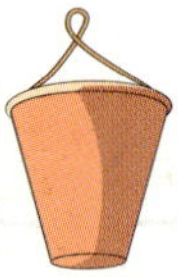

Gewicht

2 Wildtriebe entfernen Die meisten Obstgehölze sind veredelt. Kommt es zum unerwünschten Austrieb der Veredelungsunterlage des Gehölzes, so spricht man von Wildtrieben. Diese müssen bis zum Ansatz freigegraben werden. Dann werden sie abgerissen, nicht jedoch abgeschnitten!

3 Ins Gleichgewicht bringen Obstbäume beginnen eher zu tragen, wenn die fruchtenden Zweige in der Waagerechten wachsen. Das geht schneller, wenn die Zweige so lange horizontal angebunden oder mit leichten Gewichten behangen werden, bis die Zweige nach einer Wuchsphase selbst so weiterwachsen.

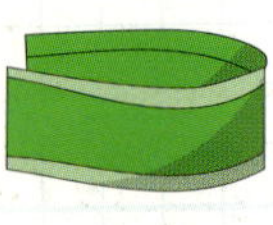

Leimring

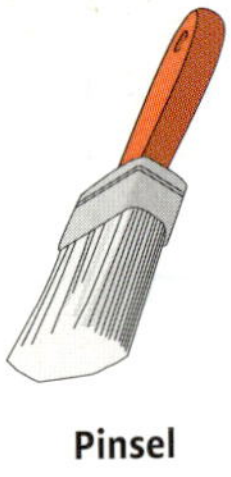

Pinsel

Viele alte Apfelsorten sind beliebt, viele neue aber bekommen keinen Apfelschorf mehr.

4 Viele Früchte? Dann ausdünnen! Schön, wenn es reichlich Ertrag gibt. Aber allzu viel powert den Obstbaum aus. Im Juni kommt es zu natürlich bedingtem Fruchtfall. Dünnen Sie danach noch dort den Fruchtansatz aus, wo mehr als zwei, drei Früchte beisammenhängen. Die Verbleibenden reifen so besser.

5 Schädlinge und Co. vermeiden Schädlinge und Krankheiten können durch richtige Pflege oft vermieden oder doch zumindest verringert werden. Gegen den Apfelwickler hilft das Anbringen von Leimringen, welche die hochkriechenden Raupen festhalten (andere Tiere aber leider auch ...).

6 Winter-Stammanstrich Das Prinzip ist dasselbe wie bei einer Wasserleitung: Steigen die Säfte im Baumstamm an warmen Spätwintertagen auf und gefrieren dann, so reißt der Stamm auf. Dies können Sie durch einen Kalkanstrich vermeiden, der das warme Sonnenlicht reflektiert.

Bäume und Sträucher schneiden

Werden Obstbäume nicht geschnitten, *lässt die Fruchtqualität der Obstgehölze nach schon wenigen Jahren rapide nach: Es bilden sich vermehrt kleinere Früchte, die zudem nicht optimal ausreifen und somit weniger aromatisch bleiben. Sinn und Zweck des Obstanbaus im eigenen Garten werden dadurch unterwandert.*

Verfolgen Sie konsequent den Pflanzschnitt (also den Kronenerziehungsschnitt, später den Erhaltungs- und Verjüngungsschnitt), so entsteht am Obstbaum eine Wachstumsdynamik, die gute Erträge verheißt. Haben Sie Mut, Obstgehölze schneiden zu lernen! Vor allem: Beobachten Sie, wie die Pflanze auf Ihre unterschiedlichen Schnittvarianten reagiert – das ist der beste Lehrmeister.

1 Gehölze kennen lernen Gehölze schneiden zu können, wird gespeist aus dem Wissen, wie es gemacht wird, und aus der Erfahrung, wie die Pflanze auf Ihren Schnitt reagiert hat. Beobachten Sie daher das Gehölz das Jahr hindurch in seinem Wachstum. So lernen Sie richtigen und falschen Schnitt zu unterscheiden.

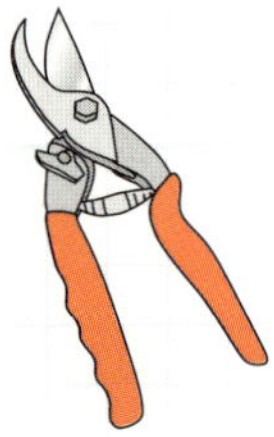

Gartenschere

2 Nicht wild schneiden Bevor Sie mit dem Schneiden beginnen, schauen Sie sich zunächst das Gehölz noch einmal an: welches sind die Leitäste (blau markiert), welches die davon abzweigenden, Frucht tragenden Zweige? Was hat sich wie seit dem letzten Schnitt verändert?

3 Sehr wichtige Schnittregeln Obstgehölze zu schneiden, verlangt nach einer Vielzahl von Detailkenntnissen. Wenn Sie erste Erfahrungen sammeln möchten, so ist es richtig, wenn Sie alles Totholz komplett, alle sich scheuernden und kreuzenden Zweige und die nach innen wachsenden abschneiden.

Bügelsäge

Messer

Für wenig Schneidarbeiten reicht eine Billigschere, für häufiges Schneiden ist ein Profigerät besser.

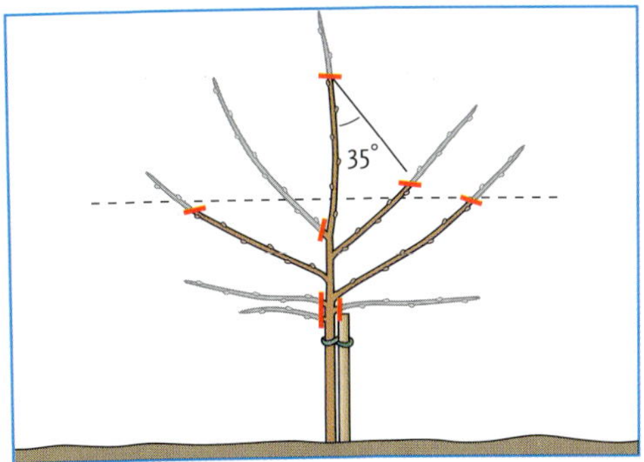

4 Kernobst schneiden Kernobst, z. B. Äpfel und Birnen, brauchen zusätzlich zur Kronenerziehung einen strengen Schnitt, um fortwährend altes, abgetragenes durch neues, ertragreiches Fruchtholz zu ersetzen. Lediglich Quitten werden, neben der Kronenerziehung, nur ausgelichtet.

5 Steinobst auslichten Steinobst wird nicht so streng wie Kernobst geschnitten und lediglich ausgelichtet. Hier kommt es im Wesentlichen auf die gleichmäßige Kronenerziehung, z. B. einer Trichter- oder auch Tellerkrone ohne Mitteltrieb an. Nur bei Sauerkirschen entfernt man abgetragene Zweige strenger.

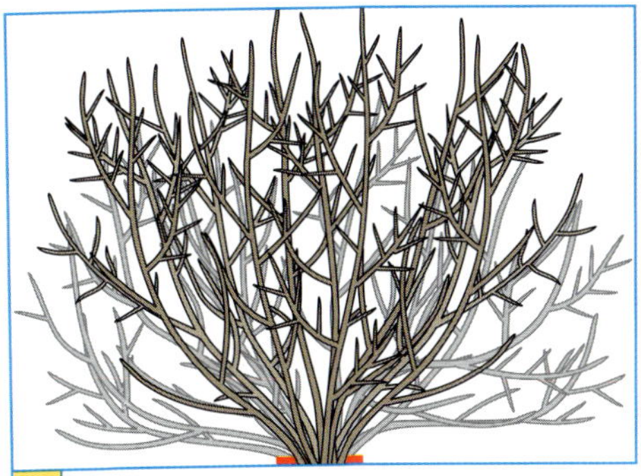

6 Beerenobst schneiden Bei Brombeeren und Himbeeren belässt man nur die im Vorjahr gewachsenen Triebe, Kulturheidelbeeren werden höchstens etwas ausgelichtet. Aus Johannis- und Stachelbeersträuchern nimmt man die dicken, dunklen, mehr als drei Jahre alten Zweige und die ganz dünnen heraus.

7 Hochstämmchen schneiden Bereits fertige Hochstämmchen müssen jährlich nachgeschnitten werden: Sie werden ausgelichtet und in der Kronenform nachformiert, damit die Form schön rund bleibt. Wo das sehr exakt sein muss, kann man sich aus Pappe eine Halbkreis-Schablone zur Schnittkontrolle anfertigen.

Gemüse ernten

***Bei der Ernte von Gemüse kommt es** auf den richtigen Zeitpunkt an. Junges Gemüse ist stets zarter, deswegen können ein, zwei Tage Ernteverzögerung schon für hochreifes Gemüse sorgen – so z. B. bei Zucchini oder Gurken, die rasch größer werden. Auch Salat muss mit der Erntereife bald in die Küche geholt werden, um nicht zu „schießen" – so nennt man bei Gemüse den beginnenden Wuchs eines Blütentriebes.*

Fruchtgemüse wie Tomaten oder Paprika und Auberginen können mit gerade erreichter Ausfärbung frühzeitig geerntet werden und im Haus noch nachreifen. Bis auf Wintergemüse wie Rosen-, Grünkohl, Winterporree und Endivien sollte alles rechtzeitig vor dem Frost geerntet sein.

1 Rhabarber richtig ernten Rhabarber wird dann geerntet, wenn die Blätter sich ganz entwickelt haben. Dann werden die Blattstiele komplett von der Pflanze abgerissen. Nicht geschnitten, sonst verursacht der verbleibende Rest Fäulnis. Das Blatt wird, bis auf einen Rest von 2 cm, abgeschnitten.

Grabegabel

Äpfel

Spargelmesser

2 Tomaten nachreifen lassen Tomaten kann man, offen liegend und bei Zimmertemperatur, noch etwas nachreifen lassen. Sind sie noch grün, so wählt man die größten aus, legt sie mit zwei, drei Äpfeln in einen Karton, den man in eine verschlossene Plastikfolie stellt.

3 Wann sind die Kartoffeln fertig? Von Kartoffeln gibt es sehr früh reifende Sorten und solche, die erst im September/Oktober geerntet werden. Sie Sortenauswahl ist also entscheidend. Die Kartoffeln sind dann reif zum Ernten, sobald das Kraut verwelkt ist – Testknollen darf man aber schon vorher entnehmen.

Ernten Sie Gemüse so früh wie sinnvoll möglich, um Platz für Folgesaaten zu erhalten.

4 Wann sind Zwiebeln erntereif? Sie sind reif, wenn das Laub abgestorben ist. Um die Reife zu beschleunigen und die Blüte zu vermeiden, werden die Zwiebelhalme umgeknickt, sobald sich Knospen zu bilden beginnen. Die vertrockneten Halme werden später zum Flechten der Zwiebelzöpfe benötigt.

5 Mit der Grabegabel ernten Tief wurzelnde Gemüse werden statt mit dem Spaten schonender mit der Grabegabel geerntet. Je nach Länge der Gemüse seitlich daneben einen Spatenstich tief Boden ausheben, dann mit der Grabegabel die Wurzeln lockern und vorsichtig nach oben ziehen.

6 Spargel stechen Spargel wird mit einem langen Messer, besser mit einem Spargelstecher geerntet. Die Stange wird seitlich etwas freigelegt, mit dem Stecher wird dicht neben ihr in den Boden gefahren und mit einer seitlichen Bewegung der Spargel abgetrennt. Das Ende der Ernte ist der 21. Juni – der Johannistag.

Kräuter und Obst ernten

Mit den Erdbeeren beginnt der Erntereigen *im Obstgarten, gefolgt von den aromatischen Beerenfrüchten der Stachel-, Johannis-, Gartenheidelbeeren und Brombeeren, bis die Ernte der Äpfel, Pflaumen und Birnen zum Spätsommer beginnt – die in den Herbst hinein dauert. Richtig ausgewählt, lässt sich so eine lange Ernte leckeren Obstes erreichen. Auch Kräuter können über einen langen Zeitraum hinweg geerntet werden: Salbei, Rosmarin, Lavendel und Thymian beispielsweise können in kleinen Mengen ganzjährig vom Strauch genommen werden. Schnittlauchwurzeln treiben am Fensterbrett im Winter und einjährige Kräuter wie Kerbel oder Dill können über lange Zeit immer wieder nachgesät werden.*

Schere

Messer

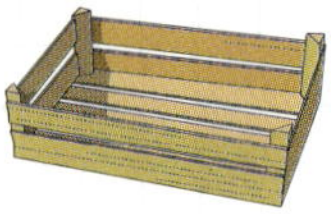

Holzkiste

1 Wann Kräuter ernten? Der beste Zeitpunkt, das Kraut zu ernten, ist der Zeitpunkt der beginnenden Blüte. Sollen Samen geerntet werden (z.B. Dill, Kümmel), ernten Sie kurz vor der Reife. Kräuterwurzeln ernten Sie ab Ende Oktober. Frische Kräuter am besten morgens nach dem Trocknen des Taus ernten.

2 Kräuterernte (fast) rund um's Jahr Frühe Ernte im Beet erreichen Sie durch Abdeckung mit Pflanzenfolie. Einjährige Kräuter wie z.B. Dill können ständig nachgesät werden. Und im Winterhalbjahr können Schnittlauchwurzeln aus dem Garten getopft und auf dem Fensterbrett angetrieben werden.

Stachelbeeren ernten sich leichter, wenn Ernte und Rückschnitt der Zweige zeitgleich stattfinden.

3 Pflückreif ist nicht genussreif Der optimale Erntezeitpunkt für Äpfel (siehe Foto) und Birnen ist, wenn Sie die Stiele sehr leicht vom Zweig drehen können. Nach dieser Pflückreife werden die Früchte noch eine Weile auf das Lager gelegt, wo sie nachreifen und so ihre Genussreife erreichen.

4 Vorsichtig pflücken Egal, welches Obst Sie ernten, machen Sie dies mit Sorgfalt. Verwenden Sie z.B. einen Obstpflücker und legen Sie die Ernte vorsichtig und nicht zu hoch gehäufelt ab. Weiches wie Himbeeren nicht quetschen. Äpfel und Birnen sollen keine Stoßflecken bekommen – diese faulen!

5 Erntezeiten verlängern Wenn Sie eine Obstsorte besonders gerne mögen, so verlängern Sie deren Erntezeit, indem Sie frühe, mittelfrühe und späte Sorten so miteinander kombinieren, dass Sie über einen möglichst langen Zeitraum immer von diesem Obst ernten können.

6 Erdbeeren ernten Saubere Erdbeeren kann man bei der Kultur in Töpfen ernten. Damit aber die roten Früchte bei der Beetkultur nicht dem Boden aufliegen und verunreinigen, legt man sie kurz vor der Ernte auf eine Mulchschicht aus Stroh (siehe Seite 39, Foto). So bleiben sie sauber. Das vergehende Stroh wird später in den Boden eingearbeitet.

Lagern und konservieren

***Am gesündesten sind Gemüse, Obst und Kräuter** dann, wenn sie frisch genossen werden können. Daher ist es geschickt, seinen Nutzgarten so anzulegen, dass er mit der passenden Auswahl von Arten und deren Sorten über eine lange Zeitspanne hinweg beerntet werden kann. Wer sich darüber hinaus für die erntefreie Zeit einen Vorrat zurücklegen möchte, der sollte das bei der geplanten Erntemenge berücksichtigen. Das Einkochen spielt keine so große Rolle mehr, denn das Einfrieren ist einfacher und bewahrt die Inhaltsstoffe von Obst, Gemüse und Kräutern weitaus besser. Ferner laden Gartenkräuter getrocknet, eingesalzen, sauer oder in Öl eingelegt zu ganz besonderen Geschmackserlebnissen ein.*

1 Omas Gemüsekiste Großmutter – inzwischen wohl die Urgroßmutter – wusste sich in Zeiten ohne Kühlmöbel zu helfen: Möhren z.B. hielt sie lange frisch, indem sie diese schichtenweise in eine Kiste mit sauberem Sand einlagerte, die sie feucht und kühl wegstellte (siehe Foto). Wichtig: Kontrolle auf Grauschimmel.

Notizbuch

2 Großvaters Miete Größere Vorräte wurden vom Großvater im Garten in einer gegrabenen Erdmiete eingelagert. Zuunterst wurde Fichtenreisig gelegt, das hielt Nässe fern. Darauf kam das Gemüse, das frostsicher (und mäusesicher!) sowie wetterfest abgedeckt wurde.

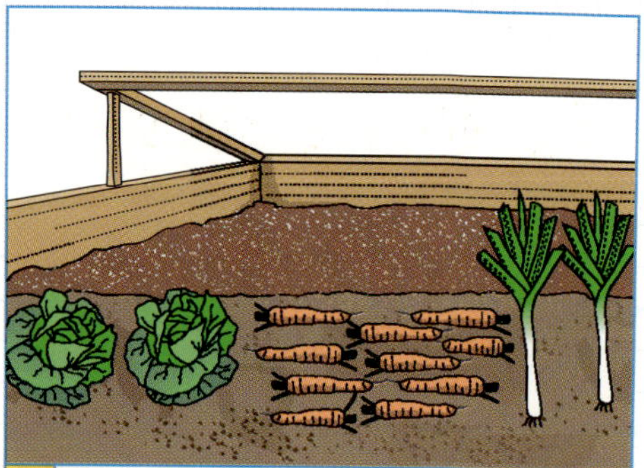

3 Der Trick mit dem Frühbeet Wer keine Miete graben möchte, der kann Wintergemüse auch in einem Frühbeet einlagern. Dieses sollte aber besser mit einer dicken Lage Stroh abgedeckt werden. Und vor dem Beginn der ersten Aussaaten im März bereits wieder geräumt sein …

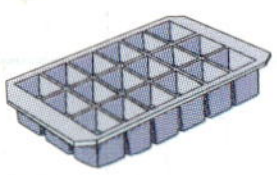

Eiswürfelbereiter

Holzkiste

Zum Einsalzen werden 20 g Salz mit 100 g zerkleinerten Kräutern gemischt.

4 Tiefkühlung hält frisch Keller sind heutzutage meist nicht mehr für die Obst- und Gemüselagerung geeignet, weil sie zu warm und zu trocken sind. Die Tiefkühlung ist aber bestens geeignet, Obst, Gemüse und Kräuter optimal zu konservieren. Frieren Sie Kräuter portionsweise in Eiswürfelbereitern ein.

5 Kräuter konservieren Zum Konservieren nur saubere Kräuter verwenden. Beim Trocknen werden dünne Kräuterbüschel gebunden und in den luftigen Schatten aufgehängt, bis sie „raschel-trocken" sind. Ferner bietet sich das Einlegen in Essig (z.B. Estragon, Basilikum, Dill) oder Öl (z.B. Thymian, Rosmarin) an.

6 Obst lagern Zum Einlagern einen feuchten und kühlen Raum wählen und nur gesundes Obst einlagern. Dieses vorsichtig und ohne es zu stoßen oder zu verletzen auslegen. Wöchentlich auf faulendes Obst kontrollieren und dieses entfernen. Das Lager mit Beginn der vollen Genussreife des Obstes räumen.

Gemüse in der Mischkultur

***Gesund soll das Gemüse aus dem eigenen Garten sein:** Deswegen baut man es ja schließlich an. Damit es gesund aufwächst und gesund bleibt – dazu kann man einiges tun. Beachten Sie also in diesem Buch die Hinweise zur Bodenpflege, zur Aussaat und Versorgung der Pflanzen. Mit der unten stehenden Tabelle soll Ihnen eine weitere Hilfestellung an die Hand gegeben werden. Erfahrene Gärtner wissen nämlich, dass auf gemeinsamem Beet einige Pflanzen bessere Nachbarn sind als andere. So hält Spinat die Erdflöhe bei Radieschen und Rettich fern, Kohl-Arten schützen ihren Nachbarn Sellerie vor Sellerierost. Machen Sie sich solche Erfahrungen weit abseits der Esoterik ganz handfest zu Nutze.*

GEMÜSE	GÜNSTIGER NACHBAR
Blumenkohl	Buschbohnen, Endivien, Erbsen, Frühkartoffeln, Sellerie, Tomaten
Buschbohnen	Gurken, Kartoffeln, Kohl, Mangold, Rettich, Rote Bete, Salat, Sellerie, Spargel, Spinat, Tomaten, Zucchini
Endivien	Erbsen, Fenchel, Kohl, Möhren
Erbsen	Kohl, Möhren, Radieschen, Rettich, Rhabarber, Salat, Spargel, Spinat
Gurken	Buschbohnen, Fenchel, Kopfsalat, Sellerie, Spinat, Stangenbohnen, Zwiebeln
Kartoffeln, frühe	Blumenkohl, Busch- und Ackerbohnen, Spinat
Kartoffeln, späte	Buschbohnen, Spinat
Kohlgewächse	Buschbohnen, Erbsen, Mangold, Möhren, Salat, Sellerie, Spinat, Tomaten
Kohlrabi	Bohnen, Chinakohl, Erbsen, Lauch, Rote Bete, Salat, Spargel, Spinat, Tomaten
Kopfsalat	Bohnen, Erbsen, Gurken, Kohl, Kohlrabi, Möhren, Radieschen, Rettich, Rhabarber, Salat, Schwarzwurzeln, Spinat, Tomate, Zwiebeln
Lauch	Kohlrabi, Möhren, Schwarzwurzeln, Sellerie, Spinat, Tomaten
Möhren	Endivien, Erbsen, Kohl, Lauch, Mangold, Radieschen, Rettich, Salat, Tomaten, Zwiebeln
Rettich/Radieschen	Bohnen, Mangold, Möhren, Salat, Schwarzwurzeln, Spinat, Tomaten
Rhabarber	Bohnen, Erbsen, Kohl, Salat, Spinat
Sellerie	Bohnen, Gurken, Kohl, Lauch, Spinat, Tomaten
Spinat	Bohnen, Erbsen, Gurken, Kartoffeln, Kohl, Lauch, Radieschen, Rettich, Salat, Sellerie, Tomaten
Tomaten	Bohnen, Knoblauch, Kohl, Lauch, Möhren, Radieschen, Rettich, Salat, Sellerie, Spinat, Zwiebeln
Zucchini	Bohnen, Zwiebeln
Zwiebeln	Gurken, Möhren, Rote Bete, Salat, Tomaten, Zucchini

UNGÜNSTIGER NACHBAR	VOR- (V) UND NACHKULTUR (N)	KULTUR-TIPPS (S. SEITE)
Kohl- und Zwiebelgewächse	V = Spinat, N = Feldsalat	Knospen bedecken (S. 45)
Erbsen, Fenchel, Stangenbohnen, Zwiebelgewächse	V = frühe Möhren N = Endivien, Feldsalat	anhäufeln (S. 39)
–	V = Buschbohnen, Möhren, Zwiebeln N = –	nicht selbst bleichende Sorten bleichen (S. 45)
Bohnen, Erbsen, Frühkartoffeln, Tomaten, Zwiebelgewächse	V = – N = Chinakohl, Rosenkohl	rankende Sorten mit Reisig versehen (S. 40)
Radieschen, Rettich, Zucchini	V = Ackerbohnen, N = –	am Gerüst ziehen (S. 41)
Erbsen, Rote Bete, Sellerie, Tomaten	V = – N = Fenchel, Rosenkohl	vor dem Legen vorkeimen; anhäufeln (S. 39)
Erbsen, Rote Bete, Salat, Sellerie, Tomaten	V = –, N = –	siehe Frühkartoffeln
Kohl- und Zwiebelgewächse	V = Radieschen, Spinat N = Feldsalat, Spinat	Jungpflanzen vorziehen (S. 24)
Fenchel	V = Salat, Spinat N = Feldsalat	frühe Sorten unter Folie ziehen (S. 33)
Kartoffeln, Sellerie	V = Kohlrabi, Radieschen N = Gurken, Kohl	nicht zu tief pflanzen (S. 28)
Bohnen, Erbsen, Kohl, Zwiebeln	V = Kohlrabi, Salat N = Möhren	recht tief pflanzen (12 cm) (S. 29)
Möhren	V = Winterlauch N = Buschbohnen, Endivien, Herbstrüben	nicht zu dicht säen, eventuell vereinzeln (S. 26)
Chinakohl, Gurken	V = –, N = Feldsalat, Kohl	nicht zu dicht säen (S. 14)
–	V = – N = –	bei der Ernte Stiele restlos abreißen, nicht abschneiden (S. 52)
Kartoffeln, Kopfsalat, Mais, Sellerie	V = Winterspinat N = Kohl, Schnittsellerie	zusätzlich mit etwas Kochsalz düngen
Mangold, Rote Bete, Spinat	V = alles außer ung. Nachbarn N = alles außer ung. Nachbarn	Mehltau-feste Sorten verwenden
Erbsen, Fenchel, Kartoffeln, Rote Bete	V = Kohlrabi, Spinat N = –	am Stab hochbinden oder Rankstäbe verwenden (S. 44)
Gurken	V = – N = –	Achtung, Massenernte: am besten verschiedene Sorten pflanzen
Bohnen, Erbsen, Kohl, Lauch	V = – N = Endivien	mit der Knospenbildung die Halme umknicken

Obstanbau – Arten und Sorten

***Die beiden unten stehenden Tabellen** sollen Ihnen eine Hilfestellung sein, wenn es darum geht, Obst für den eigenen Garten auszusuchen. Sie finden, getrennt nach Obstarten, spezielle Sorten genannt, die für den Hausgarten besonders empfehlenswert sind. Das sind zum Teil sehr moderne Sorten, die Sie nur in besseren Gartencentern oder Baumschulen erhalten oder durch diese bestellen können. Die Sortenauswahl wurde absichtlich so gewichtet, Ihnen möglichst aktuelle, gesund bleibende Sorten zu empfehlen.*

BESONDERS BEACHTENSWERTE BAUMOBSTSORTEN FÜR DAS AKTUELLE SORTIMENT

(Zusammenstellung nach Hubert Siegler, LWG Veitshöchheim, gekürzt)

OBSTART	BESONDERE EIGENSCHAFTEN
Äpfel	Schorf-resistente Herbstsorten Schorf-resistente Wintersorten nicht Schorf-fest, doch empfehlenswert
Birnen	Feuerbrand-fest im Kommen
Süßkirschen	frühe Sorten große Kirschen relativ platzfest
Sauerkirschen	
Zwetschen	Standardsorten Spätsorten für bessere Lagen

BESONDERS BEACHTENSWERTE STRAUCHOBSTSORTEN FÜR DAS AKTUELLE SORTIMENT

(Zusammenstellung nach Hubert Siegler, LWG Veitshöchheim, gekürzt)

OBSTART	BESONDERE EIGENSCHAFTEN
Stachelbeeren	gelbe Beeren rote Beeren
Johannisbeeren	rote Beeren schwarze Beeren
Himbeeren	Sommersorten Herbstsorten
Brombeeren	dornlos bedornt
Trauben	blaue Trauben weiße Trauben
Kiwis	
Feigen	

SORTENTIPPS	WEITERE TIPPS
Ahra, Florina, Gerlinde, Rebella Regine, Renora, Topaz „Pi“-Sorten (wie Piros, Pinova, Pilot), Delbarestivale, Gala, Rubinette	„Re“-Sorten sind zusätzlich resistent oder tolerant gegen Mehltau, z.T. auch gegen Feuerbrand
Harrow Sweet Concorde, Condo	keine Resistenz oder Toleranz gegen Gitterrost in Sicht
Burlat, Celeste, Giorgia, Johanna, Merchant Summit, Sylvia Kordia, Regina	Frühsorten sind weitgehend „madenfrei“
Gerema, Karneol, Koröser Weichsel, Morellenfeuer	Schattenmorelle ist „out“, Monilia-festere Sorten sind unabdingbar
Cacaks, Fruchtbare, Hauszwetsche, Hanita, Katinka Elena, Presenta, Top	von Hauszwetschen nur großfrüchtige Typen anbieten (z.B. Meschenmoser, Schüfer, Etscheid)

SORTENTIPPS	WEITERE TIPPS
Invicta Captivor, Pax, Remarka, Rokula, Rolanda	Captivor und Pax sind dornenlos
Jonkher v. Tets, Rolan, Rovada Bona, Ometa, Titania	„Ro“-Sorten haben lange Stiele (gut zu pflücken!), sind ertragreich und bislang robust; Bona ist besonders mild, daher geeigneter Josta-Ersatz
Glen Ample, Rubaca, Schönemann, Tulameen Autumn Bliss, Golden Bliss	Wurzel- und Rutenkrankheit bleibt Problem, Pflanzen daher auslichten! Herbstsorten sind robuster
Loch Ness, Navaho Choctaw	Loch Ness ist die bestschmeckende dornenlose Sorte; Choctaw und Navaho sind kompakt aufrecht wachsend (Fächerspalier)
Boskoop Glory, Muscat Bleu, Regent Glenora, Phoenix, Romulus	Regent ist als Rotweinsorte geeignet; Romulus ist kernlos
Weiki, Ambrosia	Ambrosia ist doppelt so groß wie Weiki
Violetta	geschützt; winterfest bis -20 °C

Anhang

KOSMOS-BÜCHERTIPPS

Bischoff, H.: Obstgehölze schneiden leicht gemacht. 1996.
Mayer, J.: Obst und Beeren – Alte Gartentipps neu ausgegraben. 2000.
Mein schöner Biogarten: Wolff (Hrsg.), 1999.
Seitz, P.: Küchenkräuter anbauen, ernten, verwenden. 2000.
Wolff, J.: Gemüsegarten. 2. Aufl. 2001.

BEZUGSQUELLEN

Gemüse und Kräuter (Samen und Jungpflanzen), Gartengeräte, Pflegemittel und weiteres Zubehör bekommen Sie im örtlichen Fachhandel (Gärtnereien, Gartencenter, Baumärkte etc.). Sie finden die Adressen im Branchenfernsprechbuch.
Obstgehölze erhalten Sie in Baumschulen, aber auch in Gartencentern, den örtlichen Gärtnereien und Versandgärtnereien. In einschlägigen Gartenzeitschriften können Sie sich über das Angebot von Pflanzenversendern und speziellen Anbietern, z.B. von Schnittwerkzeugen, informieren.

REGISTER

BILDNACHWEIS

Mit 29 Farbfotos von Ursel Borstell, Essen (S. 43, 45); GartenBildAgentur, Au/Hallertau (S. 3, 33, 34/45, 61 li); Reinhard-Tierfoto, Heiligkreuzsteinach (S. 2 beide, 4/5, 7, 17, 18/19, 27, 53, 57, 59 re); Wolfgang Redeleit, Bienenbüttel (S. 1, 22, 37, 41, 49); Manfred Ruckszio, Taunusstein (S. 59 li); Edition Phoenix, Malsburg (S. 11, 47); Jürgen Stork, Ohlsbach (S. 25); Friedrich Strauß (S. 14, 30, 39, 54); Wolfgang Willner, Moosburg (S. 61 re).

Mit 222 Farbzeichnungen von Wolfgang Lang, Grafenau-Döffingen (S. 48/49 alle, 55 ore, 55 uli), Fabian Hofmann nach Vorlagen von Wolfgang Lang (S. 38 uli, 39 uli, 55 ure), alle übrigen Zeichnungen von Fabian Hofmann, München.

Alle Angaben in diesem Buch sind sorgfältig geprüft und geben den neuesten Wissensstand bei der Veröffentlichung wieder. Da sich das Wissen aber laufend und in rascher Folge weiterentwickelt und vergrößert, muss jeder Anwender prüfen, ob die Angaben nicht durch neuere Erkenntnisse überholt sind. Dazu muss er zum Beispiel Beipackzettel lesen und genau befolgen, sowie Gebrauchsanweisungen und Gesetze beachten.

Postfach 10 60 11
D-70049 Stuttgart
TELEFON +49 (0)711-2191-0
FAX +49 (0)711-2191-422
WEB www.kosmos.de
E-MAIL info@kosmos.de

Mit 30 Farbfotos, 225 Farbzeichnungen.

Umschlaggestaltung von eStudio Calamar, Spanien unter Verwendung von einem Foto von Reinhard-Tierfoto und drei Zeichnungen von Wolfgang Lang.

Die Deutsche Bibliothek – CIP-Einheitsaufnahme
Ein Titelsatz für diese Publikation ist bei der Deutschen Bibliothek erhältlich

Gedruckt auf chlorfrei gebleichtem Papier.

ISBN 3-440-08984-3
Redaktion und Bildredaktion: Christiane Theis
Grundlayout: eStudio Calamar
Gestaltung: Christiane Theis
Produktion: Ralf Paucke/Heiderose Stetter
Satz: VerlagsService, Dr. Helmut Neuberger & Karl Schaumann GmbH, Heimstetten
Reproduktion: Repro Schmidt, Dornbirn
Druck und Bindung: Jos. C. Huber KG, Dießen
Printed in Germany / Imprimé en Allemagne